"사람이 답이다." 진심을 통해 만들어 낸 신뢰의 공동체

아파트, 신뢰를 담다

유나연 지음

인간 관계를 소중하게 생각하는

'아파트 관리사무소장'이 전하는
가슴 따뜻한 이야기

도서
출판 행복에너지

아파트, 신뢰를 담다

초판 1쇄 발행 2017년 6월 15일

지 은 이   유나연
발 행 인   권선복
편   집   천훈민
디 자 인   서보미
전 자 책   천훈민
발 행 처   도서출판 행복에너지
출판등록   제315-2011-000035호
주   소   (07679) 서울특별시 강서구 화곡로 232
전   화   0505-613-6133
팩   스   0303-0799-1560
홈페이지   www.happybook.or.kr
이 메 일   ksbdata@daum.net

값 15,000원
ISBN 979-11-5602-499-6   (03190)

Copyright ⓒ 유나연, 2017

도서출판 행복에너지는 독자 여러분의 아이디어와 원고 투고를 기다립니다. 책으
로 만들기를 원하는 콘텐츠가 있으신 분은 이메일이나 홈페이지를 통해 간단한
기획서와 기획의도, 연락처 등을 보내주십시오. 행복에너지의 문은 언제나 활짝
열려 있습니다.

"사람이 답이다." 진심을 통해 만들어 낸 신뢰의 공동체

아파트, 신뢰를 담다

유나연 지음

인간 관계를 소중하게 생각하는

'아파트 관리사무소장'이 전하는
가슴 따뜻한 이야기

도서
출판 행복에너지

긍정적인 조직문화를 이끌어 내는 힘, 신뢰

"내가 만난 모든 사람들은 어떤 면에서 나보다 우수한
사람들이며, 그 점에서 나는 누구에게서나 배운다."

『카네기 인간관계론』이라는 책 속에 나와 있는 에머슨의 말이다. 이 내용을 읽으며 가슴이 뛰었다. 내가 지금까지 어떻게 살아왔고 앞으로 어떻게 살아가야 할지에 대한 방향을 고민할 수 있는 계기가 되었기 때문이다.

항상 "사람이 답이다"라는 사람 중심의 생각을 가지고 있는 나는, 만나는 모든 사람들을 존중하고 만나는 모든 사람들을 통해서 배우고 성장하기를 원한다. 또한, 인간관계에서 가장 중요한 것이 신뢰라고 생각한다. 그 신뢰를 바탕으로 2000년 3월 20일부터 만 17년을 넘게 한곳의 아파트 관리사무소장으로 근무하고 있다. 아파트를 관리하면서 함께하는 직원들과 아파트 입주민뿐만 아니라 사회의 다양한 리더들도 만날 수 있었다. 그 만남의 중심에도 언제나 "신뢰"는 가장 최우선이었다.

먼저 다가가고 먼저 솔선수범하고 겸손한 마음으로 경청을 하고자 했다. 17년 동안 많은 경험과 지혜가 쌓이기도 했다. 다양한 사람들과 신뢰를 쌓기 위해서 전문적인 지식뿐만 아니라 자기계발을 위한 부단한 노력도 했다. 이 책은 그렇게 해서 탄생한 결과물이다.

이 책에는 17년 동안 열정과 에너지를 쏟은 아파트 관리사무소장의 경험담과 지혜, 그리고 사회에서 만난 리더들과의 관계에서 신뢰감을 형성하면서 얻은 인사이트를 총 6가지 주제로 담아냈다.

1장에서는 얼마만큼 진정성 있게 일을 대하고 처리해 왔는지에 대해서, 2장에서는 경쟁력을 키우기 위해 무엇을 준비했고 어떻게 역량을 키워왔는지에 대해서, 3장에서는 아파트에서 일어나는 다양한 일들을 통해 우리가 얼마나 공감하며 살아가고 있는지에 대해서, 4장에서는 삶의 멘토가 되어주신 분의 이야기를 존중하는 마음으로, 5장에서는 삶의 에너지원이기도 한 자연을 즐기며 그 안에서 배우는 지혜에 대해서, 마지막 6장에서는 입주민들이 원칙을 지킴으로 인해서 공동주택을 유지할 수 있는 힘이 된다는 내용으로 구성했다.

이 책은 먼저 주택관리사보 자격시험 준비를 하거나 합격해서 취업을 준비하고 있는 예비소장들에게 도움을 주고자 한다. 해마다 천 명 이상의 주택관리사보 자격증 합격생이 배출되고 있다. 이미 수요와 공급의 균형이 무너진 지 오래다. 이제 자격증을 취득하고 취직을 하기 위해서는 아파트 관리사무소에서의 경력은 필수가 되었다. 예비소장들에게 입주민을 상대로 하는 대민 서비스와 인간관계를 풀어가는 법, 직원들 간에 협력을 이끌어 내는 법 등 다양한 면에서 도움을 주고자 한다.

둘째, 현업에 종사하고 있는 관리사무소장들에게는 아파트 입주민들과의 원만한 관계를 위해서 현재 어떠한 자세로 근무를 하고 있는지에 대해 생각해 보는 계기가 되었으면 한다. 또한 조직을 이끌어가는 리더로서 직원들에게 무엇을 요구하고 있고 그들에게 어떻게 대해 왔는지와 자신만의 노하우는 무엇이며, 관리사무소장이 된 이후 자신의 역량을 키워나가기 위해 어떠한 노력을 해왔는지에 대해서도 자신을 돌아보는 계기가 되었으면 한다.

마지막으로 우리나라의 50% 이상의 국민들이 아파트에 거주한다. 아파트 입주자들은 자연스럽게 관리사무소 직원들과 마주하게 되어 있다. 그런데 지금처럼 부정적인 시각으로 바라보거나 불신이 팽배해져 있다면 서로 존중하거나 상생하는 공동체 문화를 만들어 나가기는 어려울 것이다. 이 책을 통해 아파트 입주민들에게 현직에 종사하는 관리사무소장들의 애로사항과 끊임없는 노력, 일을 대하는 자세가 조금이나마 전달되기를 바란다. 그렇게 된다면 관리사무소에 대한 이해도가 높아질 것이며 그들을 바라보는 시각의 변화가 있을 것으로 기대한다.

주택관리사들은 적게는 몇백 세대에서 많게는 몇만 세대 입주민들의 쾌적한 환경과 안전을 담당하고 있다. 그들은 최첨단화 되어가고 있는 아파트 시설물과 더 많은 원칙과 안전을 요구하는 규범들 앞에서 뒤쳐지지 않고 신뢰를 저버리지 않기 위해 끊임없이 공부해 나가고 있다.

신뢰란 멀리 있지 않다. 조직 내에서 원칙을 지키고 진정성 있게 서로를 존중하고 공감하면 가능한 것이다. 이 책이 모든 조직 내에서 서로를 긍정적인 시각으로 바라보는 계기가 되어 모두가 신뢰하고 상생할 수 있는 조직 문화를 만들어 나갈 수 있기를 희망한다.

2017년 5월

유나연

"신뢰의 아이콘,
유연한 리더가 되길 기대하면서"

"물은 정해진 바가 없다. 담는 그릇에 따라 모양을 바꾼다.
한 번도 그것을 거부한 적이 없다. 그럼에도 물이 아닌 적은 한 번도 없다.
어느 그릇에 담겨 있든 그 그릇과 하나가 되지만 결코 물이 아닌 적이 없다.
그래서 자유롭다."

웨인 다이어가 지은 『서양이 동양에게 삶을 묻다』에 나와 있는 내용이다. 노자의 도덕경의 핵심이리라. 몇 번 묵상을 하다 보니 새롭게 다가온다. 반복하면 반복할수록 심오한 진리를 담고 있다. 물처럼 유연함을 가질 수 있다면 얼마나 좋을까? "유연성"은 리더들이 가장 갖추고 싶은 가치 중의 하나일 것이다.

『아파트, 신뢰를 담다』의 유나연 작가님을 생각하면 부드러운 리더십이 떠오른다. 생각이 유연하고 행동도 유연하다. 벽이 없고 막힘이 없다.

인간관계도 마찬가지다. 많은 사람들과 어울려 조화와 팀워크를 이끌어 낸다. 17년 동안 아파트 관리사무소장으로 일하면서 아파트 주민들과 최고의 인간관계를 형성하고, 전북카네기클럽의 기획센터장과 사무국장을 맡으면서 리더들과 함께 아름다운 하모니를 이끌어 내기도 했다. 또한, 리더스클럽 독서토론 모임에서 10년 가까이 사무국장을 맡으면서 묵묵히 성실하게 타인을 배려하는 삶을 살고 있다.

그러면서도 독특함과 개성이 있다. 산을 좋아해서 백두대간을 종주하고, 자연을 사랑해서 제주도 올레길을 수십 번 오간 적이 있다. 한 번 목표를 정하면 해내야 하는 끈기도 있다.

『아파트, 신뢰를 담다』이 책 속에는 저자가 살아오면서 터득한 지혜가 잔뜩 담겨 있다. 아파트에서 경험했던 생생한 사례와 사회생활에서 얻은 신념과 철학이 있기도 하다. 특히, 저자는 "신뢰"를 삶의 최고의 가치로 생각하고 있다. 사람들과의 관계를 하면서 진정성 있는 삶의 이야기가 "신뢰"라는 키워드로 흡수되어 책 속에 고스란히 담겨 있다.

이 책을 읽으시는 분들에게는 분명 자자의 솔직담백한 이야기 속에 감동이 되는 시간을 가질 수 있으리라. 아울러, 유나연 작가님의 일을 대하는 자세와 미래를 준비하기 위한 경쟁력을 만드는 비결도 얻을 수 있으리라!

유연하게 진정성이라는 무기를 장착하고 멋지게 인간관계를 펼쳐나가는 유나연 작가님의『아파트, 신뢰를 담다』책 출간을 진심으로 축하한다.

리더스클럽 회장

유길문

신뢰로 대표되는 삶의 발자취를 따라서

나는 제주로 이별여행을 온 유나연 작가와 그녀의 남자친구를 추석 명절 연휴 때 올레길의 한 게스트하우스에서 우연히 만나서 한 코스를 함께 걸었다. 그들이 몇 년 뒤 결혼할 때에는 주례까지 섰다. 헤어지지 않는다면 꼭 주례를 서주겠노라고 약속했던 터여서 피할 수 없었다.

결혼 후 아이를 셋이나 내리 낳은 그녀가 책을 펴낸다기에 육아 일기쯤 이려니 했다. 아, 그러나 그녀의 원고를 읽으면서 나는 몇 번이나 눈시울을 훔쳤고, 책장을 덮을 무렵 그녀를 향해 무한한 존경심을 품게 되었다. 여성으로서는 보기 드문 아파트 관리사무소장을, 그것도 한 아파트에서 17년이나 해오면서 겪은 수많은 이야기와 노하우를 그녀는 가감 없이 다 풀어냈다.

흔히 우리 사회에서 가장 부족한 것이 '신뢰'라고 한다. 정치, 경제, 사회 전 분야에 걸쳐서 신뢰의 부족은 엄청난 에너지의 낭비로 이어지고 있다. 특히 아파트 관리비 문제가 몇 번 크게 문제로 불거지면서 주택 관리 분야에서는 더더욱 그러하다. 유나연 관리사무소장이 신뢰가 가장 무너진 현장에서 오랜 세월 얼마나 힘들게, 얼마나 최선을 다해서 신뢰를 쌓아올렸는지를 이 책은 생생하게 증언한다. 때로는 눈물 나게, 때로는 재미나게. 아파트를 관리하는 분들이나 주민 모두에게 참으로 유익한 책이 아닐 수 없다.

그러나 이 책의 의미는 전문 분야에만 머물지 않는다. 아버지의 죽음을 혼자서 목격한 소녀 시절을 통과해서, 전문대를 두 군데나 선택한 대학 시절을 거쳐서, 아이를 가진 엄마로서 대학원 논문을 써낸 그녀다. 24시간 비상 대기조나 다름없는 관리사무소장 생활 속에서도, 세 아이의 엄마로 직장 생활과 육아를 병행하면서도, 책 읽기를 꾸준히 해온 그녀다. 그 오랜 내공이 이 책 한 권에 고스란히 녹아들어 있으니, 이 책은 공동주택 관리 분야의 전문 서적인 동시에 훌륭한 자기계발서이다.

제주올레 이사장

서명숙

프롤로그 | 긍정적인 조직문화를 이끌어 내는 힘, 신뢰 4
추천사 8

1 진정성_ 일을 대하는 자세

마음만 받겠습니다 20 | 자신만의 원칙을 지켜라 25 | 잘못을 인정하
고 최선을 다하라 30 | 프로는 어떠한 상황에서도 핑계 대지 않는다
36 | 실패를 두려워하지 마라 41 | 내 일의 가치는 내가 높이는 것이다
46 | 적을 든든한 내 편으로 만들어라 50 | 과유불급_내 인생의 모토
55 | 일관성 있는 행동을 보여라 59

2 역량_ 미래를 준비하는 경쟁력

자기신뢰와 행동의 산물_주택관리사보 자격증 66 | 기회는 준비된 자에게 찾아온다 72 | 현장전문가가 되라_새로운 도전 전기과 77 | 마지막까지 최선을 다하라 82 | 리더십을 점프시킨 카네기 교육 87 | 경영마인드를 장착하라 92 | 책을 통한 변화의 시작_소피의 세계 97 | 내 인생의 동반자 리더스클럽을 만나다 101 | 연습으로 두려움을 정면 돌파하라 106 | 직원들의 성장은 곧 나의 기쁨 112

3 공감_ 살아줘서 고마워요

꺼진 불도 다시 보자 120 | 살아줘서 고마워요 126 | 소 잃고 외양간 고치기 전에 132 | 아파트 꼬마들과 친구가 되어라 136 | 이것 역시 곧 지나가리라 142 | 약속을 지켜준 믿음 147 | 나눔을 알게 해 준 보물들 152 | 아파트 관리사무소장은 24시간 비상대기 158

4 존중_ 당신에게 배우는 삶의 지혜

지금의 나를 있게 해주신 조성래 회장님 166 ┃ 몰입과 헐렁함을 알게 해주신 문명룡 교수님 172 ┃ 질책보다 위로를 해주신 장호형 회장님 177 ┃ 나를 돌아보게 해주신 미화원 아저씨 182 ┃ 사명감으로 일하는 직원들 187 ┃ 첫인상! 보이는 것이 전부가 아니다 192 ┃ 직장문화를 함께 만들어 가는 직원들 197 ┃ 직원들의 협력을 얻어내는 힘 203

5 자연_ 삶을 즐기는 여유

준비되지 않은 산행에서 얻은 교훈 210 ┃ 정상에 이르게 하는 목표의 힘 216 ┃ 올레길의 귀한 인연, 서명숙 이사장님 223 ┃ 1만 시간의 산행이 선물한 체력 230 ┃ '포기'는 김치 셀 때만 필요하다 237

6 원칙_ 공동주택을 유지하는 힘

관리비 고지서를 꼼꼼하게 챙겨 보자 244 ┃ 재활용품은 분리수거함에! 일반쓰레기는 규격봉투에! 249 ┃ 타인을 배려하는 주차문화 253 ┃ 층간소음의 현명한 해결책 257 ┃ 웃음으로 신뢰를 쌓아라 262 ┃ 화장실 바닥 배관설비는 내 것이다 266 ┃ 관리사무소를 향한 관심과 믿음 270 ┃ 신뢰가 답이다 274

에필로그 ┃ '신뢰'로 엮어낸 17년을 돌아보며 282
출간후기 286

■ ■ ■ ■
진정성
일을 대하는 자세

마음만 받겠습니다

'소장님! 휴가 잘 다녀오세요.'

3년 차 하자 보수가 끝나갈 무렵 여름휴가를 하루 앞둔 어느 날, 내 책상 위에는 돌돌 말린 신문지 뭉치가 놓여 있었다. '뭘까!' 하고 펼친 그 안에는 몇십만 원의 현금과 함께 하자 보수 담당자가 남긴 휴가 잘 다녀오라는 메모가 들어 있었다. 휴가 잘 다녀오라는 메모는 감사했지만 현금을 받을 이유는 없었다. 퇴근을 하며 마음만 감사히 받겠다는 정중한 사양의 메시지와 함께 신문지 뭉치를 그 담당자의 책상 위에 올려 두고 3박 4일의 휴가를 떠났다.

얼마 후 나는 하자 보수 담당자에게 머리채까지 잡히는 수모를 겪어야 했다. 자존심과 소신을 지킨 결과였다. 그럼에도 불구하고 즐겁게 일을 해왔다. 그러나 요즘처럼 일하는 게 재미없었던 적이 없다. 언론매체에서 아파트 관리사무소가 비리의 온상인 것처럼 보도되는 것을 보면 참 씁쓸한 마음마저 든다. 아무리 깨끗하고 투명하게 관리를 해도 외부에서 바라보는 시선들이 왜곡되어 있기 때문이다.

2013년도에 개정된 주택법에 따르면 300세대 이상인 아파트 관리사무소는 1년에 1회 이상 공인회계사들로부터 회계감사를 받아야 한다고 법이 개정되었다. 단 전체 입주민의 2/3 이상 동의를 받을 경우에는 당해 연도 회계감사를 받지 않아도 된다는 조항이 있다.

종전 외부회계감사를 의무화하지 않았을 때는 특별한 문제가 있다고 판단되는 경우를 제외하고는 공인회계감사를 실시하지 않는 아파트들이 대부분이었다. 공인회계감사를 받는 수임료 또한 500세대 기준으로 대략 50만 원에서 100만 원 정도였다. 그러나 법 개정 이후로 그 비용은 10배 이상 뛰어 2015년 상반기 중에는 1,000만 원까지 상승했다.

한국공인회계사회에서 아파트 관리사무소의 회계감사 기준을 기업회계기준으로 잡아 최소감사시간을 100시간으로 하고 최소 60시간의 현장 감사를 권장한다는 지침을 각 공인회계사들에게 전달했

기 때문이라고 했다. 그 후로 약간의 조정을 거치기는 했으나 기존보다 최소 2배에서 5배 정도는 오른 수임료로 회계감사를 실시하고 있는 실정이다.

우리 아파트의 경우에도 기존의 몇 배에 해당하는 감사비용을 지출했다. 처음 이 법 조항이 시행되고 나서는 그동안 없던 비용의 지출로 인한 입주민의 관리비 인상이 부담이 되었던 것이 사실이다. 입주자대표회의와 나는 그 부담을 줄이기 위해서 입주민의 2/3 이상의 동의를 얻어 지출을 절약해볼까 했으나 마음을 바꾸었다. 혹시 뭔가를 감추기 위해 회계감사를 받지 않으려 한다는 오해를 받고 싶지 않아서였다.

일부 아파트에서는 실제로 입주민의 2/3 이상의 동의를 얻어 회계감사를 받지 않았다. 실상 입주민의 2/3 이상의 동의를 얻어 회계감사를 받지 않는다는 것은 입주민과 관리사무소의 두터운 신뢰관계가 형성되어 있지 않은 이상 불가능하다. 동의를 얻은 것만으로도 투명성을 인정해 주어야 한다.

언론매체에 보도되는 것을 보면 몇몇 동 대표나 관리사무소장이 부정부패를 저지른 것 또한 사실인지도 모르겠다. 그러나 대부분의 동 대표와 관리사무소장은 선량한 관리자로서의 의무를 성실하게 수행하고 있다. 불신이 팽배해 있는 현대사회이기는 하지만 자신들이 뽑은 동 대표와 관리사무소장을 믿어야 한다. 관리사무소장과 입주민에 의해 선출된 동 대표 또한 주민들의 신뢰를 저버리지 말아야 하는 것은 당연한 일이다.

관리사무소장으로 업무를 시작하면서 나름의 소신이 있었다면 "털어서 먼지 안 나오게 일하자"였다. 그 소신은 아직까지도 나를 지배하고 있다. 솔직히 일은 하다 보면 실수도 할 수 있다. 업무적으로 발생한 실수는 다시 바로잡을 수 있지만 금전적으로 깨져버린 신뢰는 다시는 회복할 수 없다. 때문에 더 조심하려 했고 내 것이 아닌 것에 욕심을 내려 하지 않았다.

만약 그때 몇십만 원의 유혹을 뿌리치지 못하고 돈을 받아 휴가를 떠났다면 아직 이 자리에 있을지 없을지 모를 일이다. 스스로 떳떳하지 못하니 3년 차 하자에 대한 보수 완료 확인서에 도장을 찍어줄 수밖에 없었을 테니 말이다.

순간의 올바른 선택이 비록 다시는 겪고 싶지 않은 나의 비참한 한 장의 시작이었지만 오랜 시간이 지난 지금도 참 잘했다고 스스로를

토닥여주고 싶다.

눈앞의 이익에 타협하지 마라. 인생은 길다.

자신만의 원칙을 지켜라

"유 소장 어디 있어? 당장 나와."

"네, 무슨 일⋯."

채 말이 끝나기도 전이었다. 3년 차 하자 보수 종결에 대한 안건이 입주자대표회의에서 부결되고 며칠이 지난 어느 날이었다. 이 남자는 사무실로 찾아와 다짜고짜 머리채부터 잡았다. 체격이 나보다 두 배 이상은 되었다. 나이도 30살 이상 많았다. 여직원은 놀라 그를 떼어 놓으려 애썼지만 힘으로 어찌할 수 없다는 걸 판단한 직원은 경찰과 아파트 동 대표들에게 연락을 했다.

초등학교 때 남학생과 큰 싸움을 한 적이 있다. 싸움에서 절대 지

지 않으려고 남학생의 머리채를 움켜잡고 상대가 꼼짝할 수 없도록 제압을 했다. 끝내 백기를 들게 하고는 머리채를 놓아줬었다. 그 악바리 근성이 발휘되는 순간이었다. 머리채에 멱살까지 잡히고 나니 겁도 났지만 보이는 것이 없었다.

그의 머리채를 잡아당겼다. 엎치락뒤치락 서로 멱살과 머리채를 잡고 나뒹굴었다. 나머지 한쪽 손으로는 잡히는 물건으로 그의 머리와 온몸을 두들겨 팼다. 기억도 나지 않는 소리도 질러댔다. 아수라장이 따로 없었다. 얼굴은 눈물로 범벅이 되었고 긴 머리는 풀어헤쳐져 엉켜버렸다. 아무리 악을 써도 이길 수 없는 싸움이었다.
그렇게 얼마간 싸움이 벌어진지도 모르는 사이 경찰과 연락받은 동 대표들이 왔다. 경찰은 상황이 종료된 후 돌아갔고 동 대표들과 함께 그중 한 분의 댁으로 갔다. 동 대표들은 당장에 진단서를 받아 고소하라고 했다. 온몸이 엉망이 되어버린 내 모습에 솔직히 화도 났고 억울해서 한참을 울었다.

이 남자는 우리 아파트의 최초 사업 주체가 부도를 맞자 보증을 선 이유로 아파트 짓는 걸 마무리 지었던 사업 주체의 하자 보수 담당자였다. 공동주택은 법적으로 하자 보수 기간이라는 것이 있다. 공종에 따라 1년, 2년, 3년, 5년, 10년 등으로 구분된다. 관리주체는 기간에 맞는 하자를 발췌하여 사업 주체에 보수를 의뢰하면 사업 주체는 절차에 따라 하자 보수를 해주어야 할 의무가 있다.

하자 보수 담당자는 그 당시 3년 차 하자 보수를 책임지기 위해 우리 아파트에 상주하며 하자 보수를 했다. 그리고 본인들 나름대로는 성의껏 하자 보수를 해준 것 또한 사실이었다. 그렇게 하자 보수를 끝내고 하자 보수완료 확인서를 받고자 했다. 그러나 문제는 최상층 누수에 대한 검증이 되지 않은 것이다. 입주시점부터 문제가 되었던 최상층 누수였다. 입주자대표회의의 입장에서는 이런 상황에서 하자 보수완료 확인서를 해 줄 수 없었다.

하자 보수 담당자는 위에서는 질책을 받고 아파트에서는 확인서에 도장을 찍어주지 않으니 약이 올랐다. 그 이유가 관리사무소장이 중간에서 도장을 찍지 못하도록 했기 때문이라고 생각해서 내게 화를 풀었던 것이다. 솔직히 그 담당자의 행동이 인간적으로 이해가 되지 않는 것은 아니었다. 일정 부분 그 담당자의 생각이 맞기도 했으니 말이다.

사업 주체가 하자 보수에 최선을 다해 준 것은 사실이었다. 그러나 입주 초기부터 문제가 되었던 최상층 세대의 누수는 여러 차례 보수에도 불구하고 개선되지 않았다. 보수 완료 당시에는 누수가 발생하

지 않는다고 하더라도 시간이 조금 지나면 어찌 변할지 알 수 없는 일이다. 이 상황에서 하자 보수를 종결한다는 것은 위험부담이 따르는 일이었다. 고마운 마음도 컸지만 좀 더 지켜봐야 했다. 사업 주체 측에서도 이 점을 알고 있었다. 때문에 완료 확인서에 도장을 빨리 찍고자 했던 것이다.

아파트 동 대표들과 지인들은 진단서를 떼고 담당자를 고소하라고 했지만 그것이 해결방법일까에 대한 많은 생각을 했다. 며칠을 억울해서 울었고 또 고민했지만 그러고 싶지는 않았다. 그저 업무적으로 발생한 오해라고 생각하기로 했다. 그때 고소를 했다면 합의금도 좀 챙길 수 있을 정도로 몸은 여기저기 멍투성이에 엉망진창이었지만 당시에 그 선택을 하지 않았다.

하자 보수 담당자를 교체해달라는 것과 다시는 우리 아파트 근처에도 접근하지 못하게 하는 조건으로 마무리를 지었다. 일을 하다 보면 이런저런 일들이 생기는 것은 당연했다. 그렇다고 두들겨 맞는 일까지는 생각해 본 적도 없었다. 억울하고 분했다. 그러나 이 일이 있기 전까지는 원만했던 인간관계를 그렇게 마무리하고 싶지는 않았다. 그냥 좀 손해 보고 사는 쪽이 마음이 더 편하다면 그것으로 충분했다.

사업 주체에 대한 고마움 또한 있었고 그 입장도 이해는 한다. 그러나 관리사무소장은 아파트 주민들을 위해서 일을 하는 사람이다. 경솔하고 잘못된 판단 한 번으로 인해 주민들에게 피해 가게 할 수는 없었다.

아직은 4년 차 미숙한 새내기 소장이지만 철저히 원칙을 지키려 했고 돌다리도 두드려가며 한발 한발 내 일을 해 나가려 했다.

미래를 위해 원칙을 지키는 것은 선택이 아닌 필수조건이다.

잘못을 인정하고 최선을 다하라

"가만히 있지 않을 거예요. 어떻게 이렇게 더러운 물이 거실로 넘칠 수가 있어요. 이 더러운 물을 다 어떻게 할 거냐고요?"

사고가 터졌다. 큰일이다. 일을 잘 처리하지 못하면 세대 거실 마루며 가구며 전자제품까지 고스란히 손해배상을 해줘야 될지도 모른다. 최악의 경우가 발생하지 않기를 바라며 최선을 다해야 했다.

퇴근을 10분 정도 남겨놓은 시간에 요란한 인터폰 소리가 들렸다. 평소에도 내성적이고 침착한 성격의 과장은 그날도 아무 일 아닌 듯 조용히 인터폰으로 통화를 하고는 밖으로 나갔다. 잠시 후 돌아온 과장은 아무 말도 하지 않고 다시 공구를 주섬주섬 챙겼다.

"무슨 일이에요?"
"싱크대 쪽 배수가 안 되어서 거실로 물이 역류해서 넘쳤어요."

아주 덤덤하게 말을 해서 세대 싱크대 배관이 막힌 정도의 별일 아닌 것으로 생각했다. 심각하게 생각하지 않았지만 상황을 점검하기 위해서 현장으로 이동을 했다. 세대로 들어간 나는 넘친 물로 인해 한강이 되어버린 거실을 보고 놀라지 않을 수 없었다. 거실은 걸레받이까지 물이 차 있었다. 더 이상 물이 넘치지 않게 해야 했다. 물 넘침의 원인 파악이 먼저였다.

세대주가 집에 없었고 세대 수돗물이 틀어져 있지 않은 상황에서 물이 역류했다는 건 일단 공용 배수 배관을 의심할 수 있었다. 먼저 싱크대 물 사용을 자제해 달라는 안내 방송을 했다. 그리고는 가장 가까운 오배수관의 점검구를 열었다. 수평배관이 꽉 막혀 있었다. 다행히 수직배관까지는 막혀 있지 않았다. 화단으로 수직 배관의 물이 빠져나갈 수 있도록 해야 했다. 그래야 방송을 듣지 못하고 귀가하는 세대에서 물을 사용하더라도 더 이상 물이 넘치지 않게 할 수 있

었다.

그런데 왜 이런 일이 일어났을까! 아파트 1층 세대에서는 간혹 있는 일이기도 하다. 일반적으로 세정제를 사용해서 설거지를 하지만 그렇더라도 기름때나 찌꺼기 등이 완전히 제거가 되지 않는 경우들이 있다. 10년을 지내오면서 쌓이고 쌓였던 기름 찌꺼기들은 조금씩 조금씩 배관을 막아왔던 것이다. 그렇게 막힌 배관으로 내려가지 못한 물은 세대 싱크대를 통해 세대로 역류했다.

잔뜩 화가 난 주인아주머니는 쓰레받기로 물을 퍼서 세숫대야에 담아 화장실에 버리기를 반복하고 있었다. 10년을 관리를 해오면서도 이렇게 물이 넘치는 광경은 처음이었다. 당황하기는 나도 마찬가지였다. 게다가 싱크대 물인지라 미끄덩한 기름기에 고춧가루에, 고추씨에 작은 음식물 찌꺼기들까지 거실 바닥에 물과 함께 둥둥 떠 있었다.

원인에 대한 파악을 끝내고 보니 민망하고 죄송스러운 생각이 먼저 들었다. '관리를 하는 입장에서 세심한 주의가 있었다면 이런 상황이 되지 않았을까!'라는 자책도 들었다. 죄스러운 마음에 직원들과 함께 모두 한마음이 되어 청소를 시작했다. 바지를 무릎까지 걷어 올리고 양말을 벗어 주머니에 넣었다. 쓰레받기로 물을 퍼서 세숫대야에 담아 버리고 걸레로 짜내기를 반복했다.

직원들이 청소를 하고 있는 중에도 아주머니는 짜증스럽고 어이 없는 상황에 쉽게 화가 가시지는 않는 모양이었다. 입이 열 개라도 할 말이 없었다. 무조건 납작 엎드려 사과를 하고 진심을 보여주는 게 최선이었다.

"죄송합니다. 보이지 않는 배관인지라 막혀 있는지 알지 못했습니다. 저희가 말끔하게 청소를 해드리고 소독까지 해드리겠습니다. 정말 죄송합니다."

전 직원이 함께 두 시간 넘게 구석구석 물이 있는 곳은 찾아 쓸고 닦고를 반복했다. 대충 물은 다 제거가 되었는데 냄새가 가시질 않았다. 치약으로 청소를 하면 냄새가 가신다는 말이 생각났다. 치약으로 거실 바닥을 닦기 시작했다.

물은 다 닦여졌지만 냄새까지 없애기 위해 애쓰는 직원들의 모습을 보던 아주머니는 그제야 살짝 미소를 보였다. 화가 나긴 했어도 최선을 다하는 모습에 고마워서였을까! 우리 직원들도 머쓱하게 같이 웃어 보이며 그렇게 치약으로 닦고, 또 깨끗한 걸레로 다시 닦고, 그렇게 닦고, 또 닦고 냉장고, 김치냉장고를 치우고 거실장을 치우고 싱크대 아래까지 깨끗하게 청소를 했다. 그럼에도 찝찝한 기분은

가시지 않았을 터이지만 우리는 최선을 다했다.

　잠깐 미소를 보이던 아주머니는 생각하면 짜증이 나는 듯 중간 중간 짜증 섞인 말을 했다. 왜 그렇지 않겠나! 만약 우리 집에 이런 일이 발생을 했다면 더했을 것이라는 걸 알기에 할 수 있는 최선을 다했다. 그렇게 일차 청소를 세 시간 가까이 하고 난 시간은 벌써 저녁 아홉 시였다.

　모든 작업을 마치고 "내일 아침 청소아주머니들 출근하시면 한 번 더 청소를 해드리도록 하겠습니다."라는 말을 남기고 세대에서 철수를 했다. 전 직원이 최선을 다해서 청소하는 모습을 보면서 그 마음이 바뀌셨을까! 흡족해하지는 않았지만 처음에 가만있지 않겠다고 했던 아주머니의 마음이 이제 좀 풀렸다는 걸 느낄 수가 있었다. 더 이상의 민원 없이 일은 잘 마무리되었다.

　처음 물이 넘친 상황을 보고도 변명으로 일관했거나 직원들이 최선을 다하는 모습을 보이지 않았다면 손해배상을 청구했을지도 모를 일이다. 다행히 가구며 집안 집기들은 별다른 손상이 없기도 했지만 진심으로 최선을 다하는 직원들의 모습에서 그 화가 누그러졌을 것이다. 진심으로 최선을 다해서 직원들이 보여준 서비스는 입주민의 화난 마음에도 그대로 전달되었을 것이다.

> 문제를 가장 빠르고 쉽게 해결하는 방법은 진정성을 보이는 것이다.

프로는 어떠한 상황에서도
핑계 대지 않는다

"우리가 알아서 공사 잘할 테니 그만 내려가세요. 보는 우리가 불안해서 안 되겠어요."

이미 4살과 2살의 아들이 있었다. 그런데 옥상 방수공사 진행과정 중에 덜컥 셋째를 임신하게 되었다. 심한 입덧 중에 공사업체를 선정해야 했고 몸이 조금씩 무거워지기 시작하는 임신 5개월이 넘어서는 2월 말부터 공사가 시작되었다. 시공업체 현장소장은 한 손으로 배를 감싸고 한 손을 디딤돌 삼아 박공지붕 위를 오르내리는 나를 보며 불안한 듯 말했다.

옥상 방수공사 현장

　최상층 세대의 누수는 입주와 함께 시작되었고 사업 주체로부터 몇 차례의 방수공사를 하자 보수로 받긴 했지만 여전히 해결하지 못하는 숙제와 같았다. 2010년 하자 보수로 방수공사를 진행했지만 1년 후부터 또다시 한두 세대씩 누수가 발생했다. 공사업체는 하자 보수 기간 3년을 넘기고도 2년을 더 보수를 해주었다. 그렇게 5년을 넘게 끌어 오다, 드디어 2015년 장마철이 도래하여 일이 터지고 말았다. 임시방편으로 버텨오던 방수층은 최상층 32세대 중 13세대에서 동시다발적으로 깨져버렸다.

　최상층 13세대는 천장이 무너지거나 빗물로 인해 거실이 물바다가 되었다. 어떤 집은 거실 전등으로 물이 흘러 한밤중에 암흑이 된

세대도 있었다. 시급하게 공사를 해야 했다. 이미 사업 주체와는 10년 차까지 하자 보수가 완료된 후였다. 아파트 자체공사를 해야 했다. 문제는 장기수선계획서상 수선주기가 아니었다. 공동주택관리법에는 장기수선계획서를 작성하여 그 계획서에 의하여 주기적으로 수선을 하라고 되어 있다. 수선주기가 아닐 경우에는 장기수선계획서를 조정하여 입주민의 과반수 이상 찬성을 얻어 공사를 진행할 수 있다.

천장이 무너져 내리고 비가 흘러내려 벽지가 젖어들고 거실에 빗물을 받기 위한 양동이며 그릇들이 놓여 있는 사진을 찍어서 전체 엘리베이터 내부에 부착했다. 집값 하락에 대한 반발이 예상되었다. 그러나 많은 비용이 지출되어야 하는 상황에서 입주민들에게 정확한 정보를 제공하고 공사 진행에 대한 동의를 구해야 했다. 예상외로 집값 하락에 대한 걱정보다는 '집이 이렇게 새면 어찌 살겠느냐'며 어서 공사를 진행하라는 입주민들이 더 많았다. 공사에 대한 입주민의 동의 절차를 마친 후 공개경쟁입찰을 통해 업체가 선정되었다.

입주부터 15년을 관리를 했지만 억대 이상의 비용이 지출되는 공사를 진행한 것은 처음이었다. 이전까지는 사업 주체 쪽에서 하자 보수로 진행을 해왔던 터라 두려웠다. 공사가 잘못될 경우 그 모든 책임이 내 몫이라는 부담감이 컸다. 공사업체에서는 10년간 하자를 보증한다는 보증서와 공증 받은 각서를 제출했다. 최소 10년간은 누수가 되지 않게 공사를 해야 했다.

공사가 진행되는 4개월 동안 완벽한 공사만을 생각했다. 점점 몸이 무거워졌지만 감독을 게을리할 수는 없었다. 하루도 거르지 않고 몇 차례씩 공사현장을 오르락내리락했다. 공사 과정 하나하나 사진을 찍고 매일 작업일지를 작성했다. 혹여라도 빠지는 작업이 없는지에 대한 꼼꼼한 확인도 했다. 공사가 진행될수록 작업자들은 배부른 나의 방문을 부담스러워했다.

공사는 주말에도 진행되었다. 두 아이 때문에 하루 종일 현장에 있을 수는 없었지만 하루도 거르지 않고 공사 현장을 찾았다. 직접 확인을 할 수 없을 때에는 과장에게 지시하여 작업과정 하나하나 체크를 하고 사진을 찍어서 보고하게 했다.

공사가 후반으로 넘어갈수록 더 힘들었다. 배는 점점 더 불러왔고 진행되는 작업 또한 임산부에게는 더 해로웠다. 화학약품과 시너 냄새 때문이었다. 시너 냄새는 참기 힘들었다. 냄새를 맡지 않기 위해 숨을 참아가며 맑은 공기를 찾아야 했다. 혹시나 아이에게 해가 되지 않을까 걱정이 되었지만 내가 해야 하는 일이었다. 힘든 걸 모두

참아가며 옥상방수공사는 마무리되었다.

공사는 완벽하게 마무리되었고 공사 완료 후 두 번의 장마철과 8번의 계절을 지나오면서 아직까지 하자는 발생되지 않았다.

공사업체는 10년의 하자를 약속한 만큼 10년을 버티기 위한 공사를 진행했으리라고 본다. 그러나 나는 10년이 아닌 반영구적인 방수공사를 목적으로 공사감독을 진행했다. 감리도 두지 않고 진행된 공사이다 보니 모든 책임을 져야 했다. 무엇보다 하자가 발생하지 않아야 했다. 어떤 일이건 해야 한다면 정확하게 하고 그렇지 못할 것이면 시작도 말자라는 생각을 가지고 있다. 하자 없는 공사는 당연한 결과였다.

프로는 자기 자신과 싸운다. 자신이 처한 어떠한 상황에 대해서도 탓하거나 핑계대지 않는다. 나는 프로다. 몸이 힘들다고 해서 공사감독을 게을리할 수는 없었다. 임신한 것은 개인 사정일 뿐이었다.

> **책임감은 프로의 기본이다**

실패를 두려워하지 마라

"루프코일이 단선되었는데요."

지하주차장 출입구에 설치되어 있는 경광등이 동작하지 않았다.
원인을 파악해 보라는 지시에 돌아오는 과장의 답변이다.

"그래서? 어떻게 해야 하는데요?"
"업체를 불러야 할 것 같습니다."
"네? 그 간단한 작업을 하기 위해 업체를 불러요?"
"한 번도 안 해봐서 못 하는데요."

안 해봐서 못 한다는 말이 마음에 들지 않았다. 제일 싫어하는 말 중 하나가 '안 해봐서 못 하는데요.'라는 말이다. 안 해봐서 할 수 있는지 없는지 알 수 없는 것뿐이지 못 하는 것은 아니다. 못 한다는 말은 한 번이라도 해보고 해야 하는 말이다.

"안 해 봐서 못 하면 배워서라도 해보세요."
"예?"
"충분히 직원들이 할 수 있는 일을 업체에게 맡길 수는 없어요. 직원들이 할 수 있는 일은 관리자 입장에서 당연히 처리해 줘야 하는 일이에요. 물론 힘이 들긴 하겠죠. 그렇지만 누군가는 해야 할 일이고 또 업체 사람들이 할 수 있는 일이면 과장님도 충분히 할 수 있어요. 아시는 분들 많잖아요. 자문을 구해보세요. 아니면 인터넷에 검색만 해도 알 수 있을 듯한데요. 한 번 알아보세요. 이 정도 일은 직접 하는 것이 맞아요."

이렇게 얘기를 하고 일을 처리할 때까지 기다렸다. 물론 그 사이 불편을 호소하는 주민들도 있었다. 어떤 일이든 단숨에 해내야 하는 나와 선천적으로 여유로운 과장과는 업무적으로 코드가 맞지 않았다. 그럼에도 불구하고 이럴 경우에는 시간을 좀 준다. 앞으로 이 업계에서 계속해서 일을 해야 한다면 반드시 알아두어야 하는 작업이기 때문이다. 자신의 기술이 있어야 어디를 가도 인정받을 수 있다. 누구나 다 할 수 있는 일만 하면 경쟁력이 없다. 남들 다 하는 것에 더불어 나만의 기술이 있어야 한다. 그래야 경쟁에서 살아남을 수 있다.

가끔 어떤 업무에 있어 직원들이 못 한다는 말을 한다. 그럴 경우 현장에 나가서 직접 확인을 한다. 정말 할 수 없는 일인지 할 수 있겠는지에 대한 판단을 하기 위해서다. 그다음 직원들이 왜 할 수 없다고 하는지에 대한 의견을 들어 봐야 한다. 미처 생각하지 못했던 부

루프코일 재포설 작업

분에 대한 오류를 범하지 않기 위해서다. 그리고 이유가 타당하지 않다고 생각이 들 때는 직접 진행하라고 한다. 진행 중에 간혹, 정말 할 수 없다는 것을 알게 되기도 하지만 문제될 것은 없다. 우리가 에디슨은 아니지만 성공하지 못하는 하나의 방법을 알아냈을 뿐이니까.

예전 현대 정주영 회장도 부하 직원들이 이것은 절대로 못 한다고 투덜거릴 때 이렇게 말했다고 한다.

"이봐, 해보기나 했어?"

그만큼 경험을 중시했다는 말이다. 어떤 일이든 스스로 할 수 없다고 믿으면 할 수 없는 일이 되고 할 수 있다고 믿으면 해낼 수 있는 일이 된다. 어떤 일에서든 실패를 두려워하지 말아야 한다. 경험은 그만큼 소중하니까 말이다.

조금 어렵고 힘든 일이라고 포기해 버리면 아파트 입장에서는 관리비가 인상된다. 직원의 입장에서는 기술력의 후퇴를 가져온다. 할 수 있는 일도 하지 않으면 잊게 되고 점점 하기 싫어진다. 직원들이 일상적인 업무만을 한다면 어느 누구를 채용한다고 해도 결과는 같을 것이다. 직원들 스스로가 노력해서 입주민들이 꼭 필요로 하는 인재가 되어야 한다. 입주민들 입장에서는 어떠한 형태로든 도움이 되는 직원과 함께하고 싶은 것은 당연한 것이다.

근무 조건이나 환경에 대한 불만만을 가지고 있을 것이 아니라 내가 먼저 해주고, 해보고, 요구할 것은 요구하는 것이 옳다. 직원들은 할 수 있는 최선을 다해서 일을 해야 한다. 남들이 다 할 수 있는 일에 자신만의 기술을 추가해야 한다. 스스로 경쟁력이 있어야 한다. 실패를 두려워해서는 안 된다.

기억해야 한다. 해보지 않았기 때문에 할 수 있는지 없는지 모르는 것이지 할 수 없는 것은 아니라는 사실을.

실패를 하지 않은 인간은 대개 아무것도 하지 않는 인간이다.

−페르프스−

내 일의 가치는 내가 높이는 것이다

"저 가방 뭐예요?"

퇴근 시간 무렵 사무실 앞의 방문객용 책상 위에 홀로 놓여있는 가방이 문득 눈에 들어왔다. 가방을 처음 목격한 것은 낮 3시 정도였지만 그냥 보고 지나쳤다. 그러다 문득 다시 눈에 들어온 가방이다. '가방이 왜 저기에 있을까? 누군가 가방을 두고 간 것일까? 아니면 누가 주워 놓은 것일까?' 생각을 하다 직원에게 물었다. 직원의 답변은 이랬다.

"아침에 웬 아저씨가 놀이터에서 주웠다며 가져다 놓은 건데요.

가방 안을 살펴보았는데 주인을 찾아줄 단서가 없어요."

'그 안에 무엇이 들어있든 주인은 아마도 가방을 애타게 찾고 있을지도 모른다. 가방 안을 꼼꼼히 찾아보면 뭔가 단서가 나올지 모른다.' 가방 안을 확인하기 시작했다.

컴퓨터 활용능력 문제지가 들어있고 지갑, 필통, 화장지, 핸드폰 케이블이 두 개, USB 메모리가 들어있다. 필통을 열어 보니 색색의 젤링펜이 들어 있는 것으로 보아 학생의 것이 분명하다. 지갑 안엔 증명사진, 어릴 적 사진, 친구들과 찍은 사진 등 몇 장의 사진들도 들어있다. 그리고 전주시립도서관 도서대여카드가 들어있다. 거기에는 송*이라는 이름과 93으로 시작되는 여섯 자리 회원증번호가 있다. 아마도 주민등록번호의 앞자리인 듯하다. 그럼 나이가 18살일 것이다. 이걸 단서로 가방을 찾아줄 방법을 생각해보기로 했다.

옳거니 시립도서관으로 전화를 했다. 아파트에서는 대부분 본인 확인 없이는 연락처를 알려주지 않는다. 때문에 나의 신분을 정확하게 밝혔다. 송*이라는 이름과 회원번호로 혹시 찾을 수 있겠는가를 물었다. 다행히 찾을 수 있단다. 전화번호를 알려주었다. 처음 받은 전화번호는 없는 번호였다. 다시 시립도서관으로 연락을 했다. 이

번엔 아예 동생 것과 엄마의 번호까지 알려주었다. 엄마에게 전화를 했다.

"어머! 우리 아이 가방이 거기에 있어요? 가방 속에 지갑도 있고 USB 메모리도 있는데 잃어버렸다고 한참을 울고 있었거든요. 고맙습니다. 곧 찾으러 가겠습니다."

가방을 찾아가면서 엄마는 거듭 고맙다는 인사를 했다. 그 뒷모습을 보며 내 일에 대한 가치를 다시 한번 생각해 보는 시간이기도 했다. 누군가는 찾을 수 있었던 가방 주인을 누군가는 찾을 수 없었다. 내 것이 아니기에 더 깊은 관심과 주인을 찾아야 한다는 필요성을 느끼지 못했을지도 모른다. 생각의 차이에서 오는 결과였다.

생각의 차이는 왜 발생하는가? 아파트 관리사무소는 입주민들을 위해 서비스를 하는 곳이다. 직원들은 아파트에서 일어나는 어떤 일에도 적극적인 관심과 진심을 보여야 한다. 그럴 때야 비로소 진정성이 느껴지고 서로 간의 신뢰도 쌓을 수 있다. 그런데 그렇게 하지 못하는 이유는 자신이 하는 일에 대한 가치를 알지 못하기 때문이다. 자신이 하는 일에 대한 가치는 자기 자신만이 높일 수 있다. '하지 않는 핑계'를 찾는다면 가치 없는 일이 되지만 '해야 할 이유'를 찾고 의미를 부여한다면 가치 있는 일이 되는 것이다.

가끔 그런 경험을 했다. 주인이 잃어버린 지갑이나 가방을 찾아줄 경우 오히려 그 안의 돈은 어떻게 되었느냐며 직원들을 의심의 눈초리로 바라보며 되묻는 사람들도 종종 있었다. 선한 마음에서 행한 일인데 오히려 돌아오는 피드백으로 인해 상처를 받기도 했다. 그럴 때에는 '이렇게까지 해서 찾아줘야 하나.'라는 생각이 들기도 하지만 우리로 인해 누군가에게 조금의 도움만이라도 된다면 그것으로 충분히 우리가 하는 일이 가치 있는 일이지 않을까라는 생각이다.

> 자신의 일에 부여하는 가치는 선택과 행동의 기준이 된다.

적을 든든한 내 편으로 만들어라

"입주민들이 소장님이 천만 원을 횡령한 줄 알고 있으니 2년간만 다른 아파트로 이동했다가 모든 것이 잠잠해지면 그때 다시 오세요."

입사한 지 5년째 접어들어 얼마 되지 않은 시점인 2004년 7월부터 시작되어 그 다음 해 2월까지 8개월간 계속된 일이다. 순간순간 왜 이런 일을 당하며 계속 근무를 해야 하나에 대한 회의감마저 들던 시간이었지만 잘 이겨 냈다.

2004년 7월, 제3대 입주자대표회의가 구성되었다. 새로 구성된 입주자대표회의의 몇몇 분은 관리사무소장을 내보내는 데 목적을 두고 동 대표가 되었다. 어디서부터 어떻게 밉게 보였는지에 대해서는 알지 못한다. 그러나 그것이 사실이었다. 입주자대표회의가 추진한 첫 번째 업무는 관리사무소장의 비리를 찾아내기 위한 외부회계감사 실시였다.

입주자대표회의 몇몇 분이 주도적으로 선정한 외부회계감사는 일주일 동안 4년간의 회계감사를 실시했다. 잘못한 것이 없었다. 당연히 비리는 더더욱 있을 수도 없는 일이었다. 회계감사 결과 감사인이 찾아냈다고 한 것은 전기검침수수료를 관리사무소 직원들의 식대로 사용한 것이 잘못되었다는 것이다.

전기검침수수료는 한전 측에서 전기검침을 담당하는 자에게 검침수당으로 지급하는 것으로 한 달에 15만 원 정도였다. 우리 아파트뿐만 아니라 대다수의 아파트에서도 그 몫에 해당하는 것은 관리사무소 직원들의 복지 차원에서 사용하도록 인정을 해주는 부분이다. 문제 될 것이 없었기에 걱정하지 않았다. 그러나 입주자대표회의 측 누군가가 그것을 마치 대단한 문제가 있는 것처럼 소문을 냈고 소문은 확대되었다. 대다수의 소문이 그렇듯 억울했다. 아무리 아니라고 변명을 해도 답이 없었다.

그런 상황에서 입주자 대표 회장을 움직이시는 입주민 한 분께서

아파트 입주민들이 관리사무소장을 불신하니 다른 아파트로 이동을 해서 2년 정도 있다가 잠잠해지면 다시 오라는 것이다. 이 말에 나의 대답은 이랬다.

"그럴 수 없습니다. 그렇게 못 하겠습니다. 지금 제가 다른 곳으로 이동을 하게 되면 아파트에서 나돌고 있는 모든 소문이 사실인 것으로 입주민들은 생각할 겁니다. 제가 다른 곳으로 가더라도 이 모든 것이 사실이 아님이 밝혀지고 제가 떳떳해지면 그때 옮기겠습니다."
   결백했기에 당당할 수 있었다.

   며칠 후 경비초소에서 만난 이 입주민은 또 이렇게 말했다. 아파트에 현수막과 대자보를 붙이고 경찰에 고발하겠다고 했다. 그렇게 하시라고 답했다. 그렇더라도 어쩔 수 없지 않겠느냐고, 잘못이 없는데 겁날 이유가 없고 잘못이 있다면 당연히 책임을 지겠다고 했다. 그러나 모든 상황이 종료되고 난 후 모든 책임은 져야 될 것이라는 말도 했다.
   이후 몇 개월을 힘겹게 버텨냈다. 입주자 대표 회장은 나를 다른 곳으로 보내지 못했다. 그리고는 대표 회장이 되고 8개월 만에 한마디 말도 없이 회장 인장을 두고 이사를 가버렸다. 그러나 아직 상황이 종료된 것이 아니다. 아직 그 입주민이 남아있었다. 이분과 또다시 면담을 하기 위해 마주 앉았다. 시작한 대화에서 억울함을 참지 못하고 펑펑 울면서 이야기했다.

"선생님 따님이 직장에서 이처럼 억울하게 누명 쓰고 괴롭힘을 당한다고 생각해 보세요. 마음이 어떠실 것 같습니까? 저는 엄마 맘이 아프실까 봐 한마디 말도 못 드리고 있지만 제가 처한 상황이 이렇다는 것을 알게 되시면 밤에 잠도 못 주무시고 식사도 못 하시고 마음 아파하실 겁니다. 제가 선생님 따님이라고 생각해보세요. 그 맘이 어떠실 것 같은지요?"

이 말이 끝나고 그날의 대화는 종료되었다. 다음 날 오전 10시 다시 면담 요청이 왔다. 그분은 이렇게 말했다.

"소장님이 어제 한 말을 곰곰이 생각해봤어요. 그 얘기를 듣고 잠을 한숨도 못 잤어요. '어린 사람한테 내가 큰 실수를 했구나!'라는 생각 때문에요. 앞으로 내가 이 아파트에 사는 동안에는 어떠한 소문이 들리더라도 첫 번째로 소장님에게 확인을 하고 일을 처리하고 소장님을 지지해 드리겠습니다." 이 말과 함께 모든 일련의 상황은 깔끔하게 종료되었다.

그 후로 벌써 13년의 세월이 흘렀다. 이분은 그때의 약속을 현재까지 지켜주고 계신다. 외부에서 어떠한 말이 들려도 직접 불러 꼭 확인을 하신다. 사소한 문제까지도 직접 물어 오시고 오해가 발생하지 않도록 대변인 역할까지 해주신다. 어른이란 이처럼 자기 말에 책임을 질 줄 아는 사람이어야 한다. 말은 그 사람의 인품이라고 했다. 약속을 지킬 줄 아는 인품은 우리에게 꼭 필요한 것이 아닐까. 13년이란 긴 시간 동안 약속을 지켜주신 주민에게 고마움을 전한다.

잠깐의 힘든 상황을 피하기 위해 이곳을 떠났다면 아마도 잠시 동안은 편했을지 모르지만 그 뒤에 어떠한 수식어가 따라 다녔을지는 아무도 모를 일이다. 당시 비겁하지 않았다. 당당하게 자신감 있게 행동했다. 억울함에 눈물은 흘렸지만 진심을 전달하려 했다. 8개월을 버텨내면서 그만두고 옮기면 잠잠해질까에 대한 고민을 여러 차례 한 것도 사실이었다. 그러나 그럴 수는 없었다. 아직 32살이었고 앞으로 아파트 관리사무소장을 계속해서 해야 했으니 말이다.

> 진정성과 공감대는 상대의 마음을 움직일 수 있다.

과유불급_내 인생의 모토

"10년씩 한 곳에 있을 수 있는 비결이 뭐야?"

입사하고 10년쯤 지났을 때였다. 한 곳에서 2년 이상을 다니지 못하고 옮겨 다니던 소장이 바로 옆 단지로 왔다. 그 소장은 소문이 자자할 정도로 자신감 넘치고 능력 있는 소장이었다. 그런데 그러한 소장이 질문을 해온 것이다. 한 번도 생각해 본 적이 없던 것에 대한 질문이었다. 관리사무소장들의 평균 임기가 3년을 넘기기 힘든 상황이었던 시절에 어떻게 10년을 다닐 수 있었을까에 대해서 나조차도 모르고 있었지만 이렇게 대답했었다.

"비결은 무슨 비결이 있겠어. 다만 넘치지 않으려 했을 뿐이야."

지나고 보니 그 말이 정답이었다는 생각이 든다.

공자가 했던 말 중에서 과유불급이 유래가 되었다. 정도를 지나침은 미치지 못하는 것과 같다는 뜻으로 『논어』 선진편 제15장에 나오는 이야기다.

어느 날 제자인 자공이 공자에게 물었다.
"선생님, 자장子張과 자하子夏 중 어느 쪽이 더 현명합니까?"
공자는 두 제자를 비교한 다음 이렇게 말했다.
"자장은 아무래도 매사에 지나친 면이 있고, 자하는 부족한 점이 많은 것 같다."
"그렇다면 자장이 낫겠군요?"
자공이 다시 묻자 공자는 이렇게 대답했다.
"그렇지 않다. 지나침은 미치지 못한 것과 같다."라고 말이다.
이는 어느 한쪽에 치우치는 것이 아닌 적당한 선의 중용의 중요함을 이르는 말이다.

과유불급이라는 말을 따라서 했던 것은 아니다. 어느 순간 관계를 맺으며 내가 했던 행동들이 과유불급이었다는 사실을 알게 되었을 뿐이다. 나는 그리 자상한 성격이 아니다. 어떤 이들은 주변 사람들을 참 잘도 챙긴다. 그러나 나는 그러지 못한다. 이런 성격 탓에 서운하다고 말을 하는 사람들도 있다. 그러나 어쩔 수 없는 일이다. 시간이 지나면 알게 될 것이다. 어렸을 때부터 그렇게 길들여져 왔고 원래 그런 사람이라는 것을 말이다.

잘 알고 있기에 노력도 했었다. 그럴수록 행복하지 않았고 기쁘지 않았다. 진심이었지만 스스로 '너무 가식적으로 비춰지지 않는가.'라는 생각이 들었다. 그 노력 안에서 내 모습을 찾기가 힘들었다. 남들 따라 하기에는 너무 오랜 세월 몸에 배어 이제 성격이 되어 버린 것이다. 바꾸기 힘들었다. 그래서 있는 그대로를 인정하기로 했다. 나는 그냥 나니까!

선심성 발언이나 빈말, 겉치레 인사도 잘 하지 않는다. 한번 만나자 하면 만나야 하고 밥을 먹자 했으면 밥을 먹어야 한다. 처음부터 지키지 못할 약속은 잘 하지 않는다. 또한 끝까지 자신 없는 것에 대해서는 시작도 하지 않는다. 무슨 일이건 책임질 수 있는 일에만 약속을 하려 한다. 빈말을 자꾸 하다 보면 사람 자체도 신뢰가 가지 않는다. 그래서 인간관계를 형성해 갈 때도 처음엔 서운하고 다가가기

힘들지 모르지만 한 번 알게 된 사람들과는 오래 지속한다.

아마도 이러한 성격은 업무적으로도 표출이 되었을 것이다. 나쁘지 않았다고 생각한다. 처음에 과장된 친절을 베풀거나 가식적인 모습을 보이다 어느 순간 그것을 벗어 버린다면 사람이 변했다는 말을 듣게 된다. 그러나 처음부터 시도하지 않았고 넘치지 않았기에 성격이라는 것을 모두 알게 되었을 것이다. 오히려 원래 그런 사람으로 인정받는 것은 변함없는 사람, 신뢰할 수 있는 사람이라는 평가를 받게 했다. 오래 다닐 수 있는 비결, 그런 건 없다. 다만 절대 넘치지 않는 한결같은 사람이 되고자 노력했을 뿐이다.

> 정도가 지나친 것은 미치지 못한 것과 같다.

일관성 있는 행동을 보여라

"그래도 소장님이 전문가니까 정보를 주어야지 우리는 잘 모르잖아요."

CCTV 공사를 위한 공개경쟁 입찰 회의를 앞두고 동 대표 한 분께서 전화를 해 오셨다. 처음으로 시행하는 큰 공사를 앞두고 잘할 수 있는 업체를 선정해야 하는 과정에서 부담스러웠던 듯하다. 그쪽 분야에 대해서는 전혀 알지 못하는지라 관리사무소장에게 의견을 듣고 싶었던 것이다.

그러나 관리사무소장이 개입해도 되는 것과 개입해서는 안 되는 것이 있다. 공사를 위한 업체 선정은 공개경쟁 입찰을 통해서 입주

자대표회의에서 하게 되어 있다. 입찰에 참여하고자 하는 업체에서는 객관적인 검증을 위한 자료를 모두 제출한다. 때문에 관리사무소장이 업체를 특정할 수 있는 일은 아니다.

물론 공사 진행을 위해 자문을 받은 회사가 있을 수 있다. 개인적으로 선호하는 회사도 있을 수 있다. 그렇다고 해당 업체가 좋다거나 바람직하다고 말할 수는 없다. 정말 적합한 업체라면 제출된 자료만으로도 객관성을 입증할 수 있다. 동 대표님은 제출된 자료를 보면 충분히 정확한 판단을 할 수 있는 분이셨다.

관리사무소장이 특정업체를 지목하는 순간 객관성과 공정성은 사라진다. 일이 잘못되면 오해도 받을 수 있다. 아파트 수선을 위해 진행되는 공사는 개인의 집을 고치는 것과는 큰 차이가 있다. 500세대가 넘는 입주민 개개인의 자산 가치를 상승시키는 일이다. 또한 공사를 위한 자금 또한 입주민들이 납부한 장기수선충당금 등으로 공사를 하게 되어 있다. 사유재산이 아니다. 객관성과 공정성을 잃어버리면 안 되는 이유이다.

법적으로 동 대표는 2년 임기에 1번 연임을 할 수 있다. 4년 이상은 할 수가 없다. 동 대표를 하고 있는 기간에 공사를 위한 업체 선정과정에 관리사무소장이 어떤 식으로라도 개입하는 것을 보게 되면 이후 모든 공사에 대한 신뢰도를 스스로 떨어뜨리는 결과를 초래하게 된다. 한 번의 경험은 모든 것을 일반화하는 경향이 있기 때문이다.

동 대표님께는 이렇게 말씀드렸다.

"제가 말씀드리지 않아도 제출된 입찰서류 및 견적서를 보시면 충분히 판단이 되실 거예요. 저도 개개업체들에 대해서는 정확히 알지 못하기도 하고요. 제가 어느 업체가 좋다고 말씀드릴 수 있는 입장은 아닌 듯해요. 대표님의 판단을 믿으세요."

업무 스타일을 아시는 탓에 대답에 대해 서운해하지 않으셨다. 오히려 이런 일관된 모습 때문에 더 높은 신뢰도를 쌓을 수 있었다고 생각한다.

17년 동안 많은 동 대표들과 함께했다. 그분들이 임기를 마치고도 서로 간에 신뢰를 놓지 않는 이유는 아마도 이런 일관된 업무스타일이 영향을 미쳤을 것이라는 생각을 한다.

아주 사소한 일일 수도 있다. 그러나 이런 사소한 일들이 모여 한

사람의 이미지를 만들어 낸다. 이미지가 쌓이면 신뢰가 된다. 그 보이는 이미지에 신뢰라는 옷을 입히기 위해서는 반드시 일관성 있는 모습을 보여주어야 한다. 또한, 신뢰를 쌓는다는 것은 유리창처럼 조심스러운 것이다. 한 번 깨진 신뢰는 다시 회복할 수 없다. 깨진 유리창을 다시 붙일 수 없는 것처럼 겉으로는 회복이 된 듯 보이지만 절대 그렇지 않다. 아주 사소한 일까지도 신뢰를 쌓고 깨지지 않도록 노력해야 하는 이유이다.

> 사소하지만 일관된 행동 하나하나가 모여
> 당신의 이미지를 만들어 낸다.

2장

역량

미래를 준비하는 경쟁력

자기신뢰와 행동의 산물 _ 주택관리사보 자격증

"막내야… 막내야….."

그날도 엄마는 집에 계시지 않았다. 옹기를 팔러 가셔서 며칠째 집
을 비우셨다. 집에는 아파서 누워 계시는 아빠와 나, 단 둘뿐이었다.
겨우 중학교 1학년이었다. 어린 나이에도 아빠가 이상하시다는 건 금
방 알 수 있었다. 같은 마을에 살던 친척 할머니께 달려갔다. 할머니
와 동네 어른들은 신부님을 모셔와 아빠의 임종미사를 하셨다. 언니
와 오빠들도 모두 타 지역에 있었다. 그렇게 아빠의 임종을 혼자 지켜
야 했다. 밤늦게 소식을 듣고 돌아오신 엄마는 마당에 쓰러진 채 서럽
게 우셨다. 30년을 넘게 해온 인연의 끈을 그렇게 놓으셔야 했다.

어느 날 갑자기 찾아온 이별은 아니었다. 이후 엄마 혼자 가정을 이끌어 오셨다. 당연하듯 고등학교 졸업 후 바로 취직을 해야 했다. 처음 입사한 회사는 차량의 연료인 유류와 윤활유 등을 판매하는 중소기업이었다. 정식 직원이지만 근무부서는 주유소였다. 근무부서가 주유소라는 것을 제외하면 근무환경도 괜찮았고 상여금 600%에 월급도 적지 않았다. 하지만 20살 나이에 하고 싶은 건 직장생활이 아니었다. 공부를 하고 싶었다. 월급을 받기 시작하면서 야간대학에 입학을 했다.

주유소는 밤늦게까지 영업을 했지만 정식 직원들은 오전 9시 출근 오후 6시 퇴근이었다. 학교를 다니게 되면서 상사들의 배려로 오후 5시면 퇴근을 할 수 있었다. 평상시 학교에 다니는 데는 별다른 문제가 없었다. 문제는 월말이었다. 월말에는 월별 마감을 해서 본사에 올려줘야 했다. 며칠씩 밤을 새고 일을 해야 할 정도로 업무량이 많았다. 학교도 갈 수 없었다. 학교를 계속 다닐 것인지 직장을 선택할 것인지에 대해 고민하기 시작했다.

때마침 고객 중에 아파트 입주자 대표 회장을 하고 있는 분을 만났다. 직장을 옮기려 한다는 말에 자신이 살고 있는 아파트 관리사무소에 경리직원이 퇴사를 한다며 그곳에 와서 일해 줄 것을 제안했

다. 오랜 시간 고민하지 않았다. 어디를 가도 당시 회사에서 받는 만큼의 월급을 받기는 힘들었지만 학교생활에 더 집중하고 싶었다. 입사 1년 만에 퇴사를 결정하고 자연스럽게 아파트 관리사무소와 인연을 맺게 되었다.

대학을 졸업하고 아파트 관리사무소에서 근무를 하면서도 늘 자기계발에 목말라 있었다. 이직을 고려하면서 또 뭔가를 하고 싶었고 돈이 필요했다. 전공인 컴퓨터를 활용해 아파트 고지서 출력프로그램을 만들었다. 부족하기는 했지만 아파트 관리비 고지서를 출력하는 데는 전혀 문제가 없었다. 그렇게 작성한 프로그램 두 개를 활용해서 매달 월급 외에 몇십만 원의 아르바이트 수입도 벌었다. 덕분에 그렇게 가지고 싶었던 차를 구입해서 23살부터 자가운전을 시작했다.

월급과 아르바이트 비용으로 나름 부족하지 않은 금전적 여유는 생겼지만 아파트 경리직원으로 만족할 수는 없었다. 학교를 편입해서 계속 공부를 해볼까! 공무원 시험공부를 해볼까! 여러 가지 할 수 있는 일에 대해 고민했다. 결국 하고 있던 업무와 관련된 주택관리사보 자격증 시험에 도전하기로 했다. 시험까지 남은 기간이 단 5개월이었다. 몇 년씩 공부를 하고도 합격하지 못해 두 번 세 번 도전하는 사람이 많았다. 짧은 기간에 합격을 바라는 것은 욕심일 수도 있었다.

그즈음 엄마는 떡집 방앗간에서 일을 하셨다. 새벽 4시부터 떡을 만드셔야 했다. 때문에 자가운전을 시작하면서 집에서 30분 거리의 방앗간까지 매일 새벽 3시 반이면 잠을 자다가도 모셔다 드려야 했다. 그렇게 모셔다 드리고 와서는 다시 잠을 청했다. 어떤 날은 잠이 오지 않아 남은 새벽시간을 뒤척이다 아침을 맞이하는 날들도 적지 않았다. 공부가 아니더라도 피곤한 날들의 연속이었다.

직장에서 일을 하고 학원 수업까지 마치고 집에 돌아오면 밤 11시가 다 되었다. 쉴 틈도 없이 다시 책을 잡고 새벽 2시까지 더 공부를 했다. 여전히 새벽 3시 30분이면 엄마를 모셔다 드려야 했고 늘 잠이 부족했지만 이겨내야 했다. 주말에는 인후동 시립도서관으로 향했다. 2년에 한 번씩인 시험에 떨어져 3년 동안 계속 같은 책만 보고 있고 싶지는 않았다. 반드시 한 번에 합격하기 위해서는 여유를 부릴 시간이 없었다. 할 수 있다고 믿었고 최선을 다했다. 당시 상황에서 벗어나기 위해 반드시 필요한 자격증이라는 확신 때문이었다.

시험은 총 6과목이었다. 회계와 윤리를 제외한 모든 과목이 생소

했다. 민법은 이해를 해야 했고, 시설개론, 법규, 실무는 암기를 해야 했다. 공부를 해야 하는 분량도 광범위했다. 두 달간의 과목별 수업이 끝나고 3개월 동안 문제풀이가 진행되었다. 역사가 짧았던 시험은 과년도 시험에 대한 분석조차도 의미가 없었다. 그야말로 복불복이었다. 공부한 범위 내에서 시험이 출제되기만을 바랄 뿐이었다. 시험을 앞두고 진행된 몇 차례의 모의고사에서 1차 과목은 늘 과락이었다. 불안했다. 시험 당일에는 최선을 다했으니 행운을 바랄 뿐이었다.

노력에 하늘도 감동했을까! 매번 모의고사에서 과락의 좌절은 합격이라는 결과에 대한 기쁨을 몇 배로 만들어주었다. 공개된 점수는 효율 100%로 합격했다는 것을 말해주고 있었다. 절대평가인 1차 평균 60점에, 상대평가인 2차에서 합격선인 평균 88점을 맞았으니 한 문제만 더 틀렸어도 다시 도전했을지 알 수 없는 일이다. 그때를 생각하면 지금도 짜릿하다. 자격증 시험에서 점수가 남는 것은 의미가 없다. 합격과 불합격만 있을 뿐이다. 합격 점수가 60점이면 60점만 넘으면 되는 것이다. 이 얼마나 경제적인 점수인가!!

돌이켜 보면 그만큼 절실했고 간절했다. 힘들다는 투정도 할 수 없었고 요행을 바랄 수도 없었다. 그저 나 자신을 믿고 최선을 다 해야 했다. 자격증을 얻기 위해 환경을 탓하는 대신 그 상황에서 할 수 있는 모든 것을 했다. 간절히 원하는 자격증을 갖기 위해 믿을 수 있는 것은 나 자신밖에 없었다. 그 결과 주택관리사보 자격증과 함께 자신감이 내게로 와 주었다.

> 환경을 탓하지 말고 자기 자신을 믿어라.
> 자신감과 함께 간절히 원하는 것을 얻게 될 것이다.

기회는 준비된 자에게 찾아온다

'저 많은 아파트 중에 내 자리는 언제 나올까?'

1998년 주택관리사 자격증을 취득하고 모악산 정상에서 전주시 내 아파트를 바라보며 수없이 되뇌었던 말이다. 자격증만 취득하면 관리사무소장이 될 수 있을 것이라고 생각했다. 최소한 자리가 기다리고 있지는 않아도 찾으면 곧 찾을 것으로 기대했다.

그러나 현실은 그리 만만하지도 호락호락하지도 않았다. 이미 아파트 관리사무소 경력 5년 9개월을 넘긴 시점이었지만 아직 27살의 나이와 미혼, 그리고 여성이라는 사실까지도 모든 것이 약점이었다. 자격증 취득 후 다니던 아파트 관리사무소에서 퇴사를 했다. 그 후

10개월이 지나서야 어렵사리 군산의 165세대 아파트의 관리사무소장으로 취직을 할 수 있었다. 원하던 자리에 앉았다는 기쁨에 한 달간 전주에서 군산까지 출퇴근을 하면서도 행복한 시간이었다. 그러던 중 전주로 나올 수 있는 기회가 찾아왔다.

평소 알고 지내던 무자격 소장님으로부터 제안이 들어왔다. 전주의 한 아파트의 관리사무소장으로 취직을 하고 본인이 일을 도와주겠다고 했다. 순수하게 믿었다. 그러나 실상은 그렇지 않았다. 첫 출근일에 자리에 앉아보지도 못하고 되돌아 나왔다. 무자격 소장에게 자리를 내어주고 자격증만 빌려주는 경리직원으로 일을 해야 하는 상황이었다. 그렇게 할 수는 없었다. 아무리 급하고 목말라도 불법과 타협할 수는 없는 일이다. 어렵사리 구한 군산의 자리만 잃었다.

다시 5개월간의 실업자 신세가 되었다. 어느 날, 드디어 기회가 찾아왔다. 500세대가 넘는 탓에 주택관리사 자격증을 필요로 하는 신규 아파트였지만 분양률이 저조했다. 사업주체는 분양률이 저조한 상태에서 관리비가 부담되었는지 위탁관리회사에 옆 단지 관리사무소장이 공동관리를 하는 것을 제안했다. 그러나 공동관리를 하기 위해서는 두 단지 세대수가 1,000세대 미만이어야 했다. 흥건삼천1차와 2차는 합산 세대수가 1,046세대로 조건에 맞지 않았다.

아파트 직원으로 5년을 넘게 근무했던 경력 덕분에 주택관리사보 자격증 취득과 함께 다음해 7월 주택관리사를 바로 받을 수 있었다. 당시에도 취업을 희망하는 주택관리사보 자격증 소지자는 많았다.

그러나 경력을 필요로 하는 주택관리사 자격증 소지자는 많지 않았다. 때문에 아파트 관리사무소에서의 실무 경력과 주택관리사 자격증은 나만의 경쟁력이 되어 주었다.

위탁관리회사에서는 홍건삼천1차 관리사무소장이 공동관리를 하고, 홍건삼천2차는 주택관리사 자격증을 소지한 직원을 찾았다. 회사는 분양률이 50%에 도달할 때까지는 경리직원으로, 그 후 분양률이 50%를 넘어설 때 정식으로 관리사무소장 발령을 내주겠다는 제안을 해왔다. 관리인원이 2명이나 부족하게 투입되는 상황에서 위탁관리회사에서는 선택의 폭이 넓지 않았을 것이다. 고민 끝에 그렇게는 하지 않겠다고 했다.

그러나 1년 4개월을 기다려 겨우 얻은 기회였다. 당시 상황은 반드시 주택관리사이면서 아파트 전반적인 업무를 알고 있는 실무경험이 풍부한 사람이 필요했다. 기회를 놓칠 수는 없었다. 급여는 50% 분양시점까지 적어도 좋다. 단, 업무추진비를 지급하여 줄 것과 정식 관리사무소장으로 임명을 해달라고 요구했다. 위탁관리회사는 제안을 받아들였다.

드디어 원하던 관리사무소장이 되었다. 신규아파트다 보니 입주민들보다 10일 먼저 투입이 되었다. 공사를 마치고 아직 정리되지 않은 아파트 환경을 정리하고 입주민들을 맞을 준비를 해야 했다. 그렇게 첫 출근을 하던 날 결심했다. 이곳을 5년만 다녀보자고 말이다. 그때만 해도 한곳의 아파트에서 3년 이상을 다니는 관리사무소장들이 많지 않았을 때였다. 그렇게 시작한 운명 같은 인연이 벌써 만 17년을 넘겼다.

얼마 전 이제 막 자격증을 취득하고 취업을 준비 중인 예비소장들을 만났다. 안타까웠다. 아파트에서 근무경력은 전무하고 자신만의 경쟁력이 없는 경우가 대부분이었다. 자신만의 경쟁력이 있어야 한다. 이미 자격증을 소유한 사람은 넘쳐나기 때문이다.

아파트에서 직원으로 근무한 경력이 있다면 아파트 시스템에 대해 정확하게 알고 바로 현장으로 투입될 수 있을 정도는 되어야 한다. 만약 아파트 근무 경력이 없다면 주택관리사보 외 전기, 소방, 조경 등 전문기술에 대한 자격증, 행정능력, 리더십, 인맥 등 다양한 것들이 준비되어 있어야만 경쟁력을 갖출 수 있다. 물론 근무경력과 자격증을 제외하고 자신만의 경쟁력이라는 것을 확인할 수 있는 방

법은 없다. 그러나 준비되어 있는 사람은 자신감부터 다르다.

해마다 천 명 이상의 합격생이 배출되고 있다. 그러나 자리는 한정되어 있다. 하물며 이미 그 자리는 누군가가 차지하고 있다. 주택관리사보 5회 합격생으로 20대 후반에 아파트 관리사무소장이 되었다. 나름의 약점이 많았지만 자리를 잡을 수 있었던 것은 행운과 함께 준비되어 있는 자신감이었다. 자신감을 가질 수 있었던 이유로는 당시 나만의 경쟁력이었다. 때문에 불의에 타협하지 않았고 자리를 잡기 위해 원하는 것을 정확하게 요구할 수 있었다.

주택관리사보 자격증을 취득한 예비소장들을 비롯해서 이제 막 세상 밖으로 도전장을 던지는 많은 취업 준비생들은 자신을 되돌아보기 바란다. 얼마만큼의 경쟁력을 가지고 있는지 얼마만큼 준비되어 있는지 말이다. 현직에서 17년을 근무하고 있는 나 역시 더 높은 경쟁력을 키우기 위해 지금도 끊임없이 공부하고 노력하고 있다. 언제가 될지 모르지만 다시 올 기회를 놓치지 않기 위해서이다. 준비된 자에게 기회는 반드시 찾아오기 때문이다.

나의 경쟁력은 무엇인가?

현장 전문가가 되라_새로운 도전 전기과

17년 전만 해도 아파트 관리사무소장 하면 대부분 나이가 지긋한 50~60대 전후의 남자소장들이었다. 당연히 직원 또한 경리직원을 제외하고는 모두 남자 직원들이었다. 그럴 수밖에 없었던 이유 중의 하나는 초·중·고까지 교육과정을 거치면서 여학생과 남학생은 교육받는 과목도 다르고 관심분야도 다르게 길들여져 왔기 때문이다. 남학생들은 기술 관련 공부를 했고 여학생은 가정생활과 관련된 공부를 했다. 그러니 회계와 행정을 제외하고는 대부분 기술과 관련된 시설관리 분야가 주 업무인 아파트 관리사무소에서는 당연히 남자들이 많을 수밖에 없었다.

이런 상황에서 아파트 관리사무소장을 하겠다고 주택관리사보

자격증을 취득한 것이다. 당연히 나 또한 기술 분야에 대해서는 잘 알지 못했다. 그것이 남자 관리사무소장들보다 더 노력해야 하는 이유이기도 했다. 주택관리사 자격증 취득으로 아파트 관리사무소장이 되었지만 스스로 부족한 부분은 직원들에게 지시하기가 어려웠다. 직원들이 직접 할 수 있는 일인지 없는 일인지, 때로는 옳은지 그른지에 대한 정확한 판단조차 내릴 수 없다는 것이 불안했다.

20대 후반의 나이 또한 열등감을 부추기는 데 한몫을 했다. 나보다 나이가 많은 과장이나 직원들이 관리사무소장의 현장관리 능력에 대해 의심하게 되면 리더십에 어떠한 영향을 미치지나 않을까에 대한 고민을 했다. 아파트 관리사무소장을 앞으로도 계속해야 한다면 공부하고 배워가야만 했다. 이미 2년제 대학에서 전자계산을 전공했었기에 4년제 대학에 편입을 고려하기도 했지만 최종적으로 다시 2년제 대학을 선택했다. 지식이 전혀 없는 분야에 대해 기초지식부터 쌓기 위해서였다.

다시 시작된 주경야독이었다. 그렇게 2003년 비전대 전기과에 입학을 했다. 전기과를 선택한 이유가 있었다. 아파트는 이미 지어져 있는 건물이다. 그 건물에서 주민들의 안전과 편익을 위해 가장 필요하고 중요한 것이 무엇일까에 대해 고민했다. 전기설비라는 결론에 도달했다. 때문에 전기설비에 대해 기초지식부터 체계적이고 전문적으로 배우기 위해 전기과를 선택했다.

우리 반은 산업체 반이었다. 전원이 직장인이었다. 학생 수는 A반과 B반을 합해 80명 정도 되었다. 몇몇을 제외하고는 졸업장을 따기 위해 온 학생들이 대부분이었다. 당연히 공부는 좀 소홀한 경향이 있었다. 그러나 그중에서도 공부에 집중하는 학생은 있었다. 그 몇몇이서 등수를 다투기는 했지만 1학년 1학기부터 반 1등은 당연히 나였다. 공부를 게을리할 수 없었다. 비싼 등록금에 경제적으로 여유가 없었던 탓에 반드시 장학금을 받아야 했다. 전기에 대한 기초지식도 없는 상태에서 공부를 하자니 열심히 해야만 하기도 했다.

학교를 다니는 2년 동안 월요일부터 금요일까지는 낮에 일하고 밤에는 늦은 시간까지 학교수업을 받거나 도서관에서 공부를 했다. 대신에 시험기간이 아니라면 토요일과 일요일에는 꼭 여행을 하거나 산을 오르며 지친 몸에게 휴식을 주고 생각을 정리하는 시간을 가졌다. 공부만 한다고 해서 잘되는 것은 아니다. 가끔 휴식을 줌으로 인해서 생각을 정리할 수 있고 더 열심히 할 수 있는 방법도 찾을 수도 있었다. 이틀의 휴식은 지치지 않고 공부를 할 수 있었던 에너지원이기도 했다.

2년간 쉬지 않고 노력한 결과 보상이 따랐다. 졸업생 전체 수석이

전주 비전대 졸업생 대표 성적우수상 수상

었다. 졸업식 날 졸업생 대표로 단상에 올라 학장님에게 성적우수상
을 받았다. 여학생이 참 지독히도 전기 관련 공부를 열심히 했던 2년
이었다. 공부를 열심히 한 이유는 단 하나였다. 아파트 관리사무소
장으로서의 역량을 키우기 위해서였다.

 故신영복 선생님의 저서 『담론』에서 자기 능력이 100이면 70의 역
량을 요구하는 곳에 가는 게 '득위'라고 하고 반대로 70능력자가 100
의 역량을 요구하는 곳에 가게 되면 '실익'이라고 말을 했다. 그러면
서 실익은 자기에게는 기회가 될지 모르지만 다른 사람을 몹시 고통

스럽게 한다고 말했다.

이 글을 읽으며 리더란 어떤 사람인가에 대해 진지하게 생각해 보게 되었다. 실익만을 가지고 다른 사람에게 고통을 주는 일은 없어야 했다. 때문에 최소한 능력이 100은 아니지만 100이 되기 위해서 노력해왔다. 아파트 관리사무소에서 진행되는 업무에는 전기, 소방, 기계, 회계, 서무, 조경 등 다양한 분야가 있다. 관리사무소장은 이에 대한 전반적인 지식을 필요로 한다. 각각의 분야에 맞는 업무를 지시하고, 감독하고, 책임을 지기 위해서는 당연한 일이다. 때문에 현장전문가가 되기 위해 스스로 부족한 분야를 찾아내어 끊임없이 배우고 공부해야 했다.

> ## 자신은 '득위'형인가? '실익'형인가?

마지막까지 최선을 다하라

"오늘도 그분이 오셨어?"

한동안 도전하는 7번의 자격증 시험에 연속적으로 합격한 적이 있다. 하나의 자격증을 취득하기 위해서는 필기와 실기, 두 번의 시험에 합격을 해야 했다. 그렇게 7번의 시험에서 3개의 자격증을 취득했다. 그때는 시험만 보면 귀신 붙은 것처럼 합격을 했다. 친구들은 오늘도 그분이 오셨냐고 물으며 나의 시험운(?)을 부러워했다.

비전대 전기과 2학년이 되어 본격적으로 자격증 시험에 도전했다. 전기 관련 공부를 했으니 관련 자격증 취득은 자연스러운 도전이었다. 도전할 수 있는 자격증에는 전기기사, 전기공사, 소방설비기사전

기분야, 소방설비기사기계분야가 있었다.

직장에 다니면서 학교공부도 해야 했고 자격증 시험공부도 해야 했다. 낮에는 일을 하고 밤에는 공부를 했다. 학교 수업은 일찍 끝나도 밤 10시가 넘는 시간이었다. 자격증 시험공부를 시작하면서 수업이 일찍 끝나는 날은 전주대 도서관으로 향했다. 도서관이 문을 닫는 시간이 집으로 오는 시간이었다.

첫 1차 필기시험에서 전기기사와 전기산업기사를 동시에 합격했다. 2차 실기시험은 전기기사에만 도전을 했다. 전기기사와 전기산업기사는 같은 종목이다. 다만 1급과 2급 정도로 구분하였기에 전기기사에 바로 도전을 했던 것이다. 운이 좋게도 2차 실기시험도 단번에 합격할 수 있었다.

자격증 시험공부를 하는 방법은 이랬다. 먼저 도전하고자 하는 자격증에 관련된 책을 엄선해서 골랐다. 그리고 먼저 이론편을 독서하듯이 공부를 시작했다. 문제풀이 과정에서 풀리는 문제는 풀어내면서 했고 풀리지 않는 문제는 해설편을 스윽~ 읽으며 넘어갔다. 절대 풀리지 않는 문제에 연연하지 않았다. 풀리지 않는 문제에 연연하다 보면 더 이상 진도가 나가지 않는다. 어렵다는 생각에 포기하는 결과를 초래할 수도 있다. 그렇게 책 한 권을 보는 데 걸리는 시간은 한

달 이상이 소요되었다.

마지막 장까지 끝내고 다시 첫 장으로 돌아갔다. 신기하게도 처음에 풀리지 않던 문제들 중 30% 이상이 내 것이 되었다. 풀리지 않는 문제는 역시나 스윽~! 읽고 지나갔다. 그렇게 다시 한번 정독하는 기간은 15일 정도로 줄었다. 다시 반복했다. 이렇게 해서 5~6번을 보게 되면 문제집 한 권의 이해력은 90%까지 올라갔다. 시험 전날엔 책한 권을 보는 데 채 10분도 걸리지 않았다. 아는 문제는 넘어가고 모르는 문제만 다시 짚어보는 방법을 선택했기 때문이다. 이렇게 해서 자격증 시험을 보기 전까지 책 한 권에 대한 이해력을 100%까지 올렸다.

첫 1차 시험에 합격을 하고 난 후부터는 더 자신감이 붙었다. 2차 실기시험에서도 같은 방법으로 공부를 했다. 2차 실기시험은 100% 주관식이기 때문에 더 어려웠다. 정확하게 알지 않으면 안 되었다. 풀이 방법에 더 집중해서 공부를 해야 했다. 같은 방법으로 전기기사와 전기공사기사, 소방설비기사 전기분야까지 자격증을 취득하고 마지막으로 소방설비기사 기계분야에도 도전했다.

1차 필기시험에 합격을 하면 2년간 실기시험에 도전할 수 있는 자격을 주지만 1차 필기시험에 합격을 하고 2차 실기시험에 바로 도전하지 않았다. 2년의 시간을 흘려보내고 마지막 시험에 도전을 했다. 마지막 한 번의 기회였기에 같은 방법으로 시험 준비를 했다. 시험 전전날까지는 말이다.

항상 마음이 문제다. 2차 시험의 전날이었지만 더 이상 절박하지 않았다. 잡념으로 시간만 흘려보내다 오전 시간이 지나기 전 도서관에서 철수했다. 이후 무엇을 했는지 기억이 나진 않는다. 그러나 더 이상 책을 펼치지는 않았다. 마지막 하루 최선을 다하지 않은 결과는 아쉬움의 불합격이었다. 58점이었다. '단 2점이면 자격증 하나를 더 가질 수 있었을 텐데.'라는 후회는 의미 없는 일이지만 후회했다. 내가 버린 몇 시간을 그때처럼 후회한 적이 없다.

무슨 일을 하든지 한번 시작하게 되면 탄력이 붙는다. 특히나 자격증 시험이나 자기계발의 경우는 더 그렇다. 한번 공부를 시작하면 탄력이 붙게 되고, 탄력이 붙으면 자연스럽게 습관이 생기고 그것을 얻는 방법을 알게 된다. 당연히 알면서도 최선을 다하지 않은 그 어떤 것도 내 것이 되지는 않았다.

그동안 어쩜! 정말 운이 좋아서 자격증 시험에 매번 합격한다고 생각했었는지도 모르겠다. 그러나 아니었다. 도전하는 시험마다 합격할 수 있었던 것은 실력만 있어서도 아니고 운이 좋아서만도 아니

었다. 그 자격증을 손에 넣을 자격이 있을 만큼 노력했고 공부했기에 자격증은 내 것이 되었던 것이다. 그 간단한 진리를 겪어보고 나서야 알게 되었다.

> **준비와 기회가 만나서 행운이라는 결과를 낳는다.**
> -앤서니 라빈스-

리더십을 점프시킨 카네기 교육

"너 같은 직원 필요 없으니 당장 나가."

1월 2일 새해 첫 근무일 오후 4시쯤 같이 일하던 직원에게 하지 말아야 될 말을 하고 말았다. 미소가 참 예쁜 직원이었다. 늘 친절한 미소에 주민들도 좋아했고 나도 그랬다. 점심시간이 되면 늘 직원들을 위해 밥을 하고 찌개를 끓여 챙겨주곤 했던 고마운 직원이었다. 그러던 직원이 어느 날부터인가 근무태도가 불성실해지기 시작했다. 잦은 자리 이탈로 업무 처리가 제대로 이루어지지 않았다. 좋은 마음에서 한 번 두 번 넘어갔던 자리 이탈은 어느 순간 습관이 되어 있었다. 좋은 사람이 되고자 했던 것이 오히려 직원에게 해를 입혔다.

새해 첫 출근일, 긍정적이고 희망찬 이야기로 시작했어도 되었을 시무식이었다. 그러나 최악의 수를 두어가면서까지 다시 시작하는 시기이니만큼 더 열심히 일해보고자 하는 의지를 직원들에게 보여주고 싶었다. 누구든 본인이 열심히 하지 않을 경우 다른 직원들에게도 피해가 될 수 있다는 것을 강조했다. 열심히 하지 않을 직원은 알아서 사직을 하라며 경고도 했다.

하루가 지나기 전 절망했다. 직원은 오전 9시 30분이 지나 은행에 가겠다며 자리를 비웠다. 그리고는 11시가 넘어서야 복귀를 했다. 새해가 아니라도 '월중 첫 출근일은 항상 은행에 다녀와야 하니 그러겠지'라며 애써 모른 척했다. 직원은 오후 2시가 되자 또다시 개인적인 일로 잠시 자리를 비우겠다고 했다. 10분 내지 20분 정도야 충분히 이해해줄 수 있다는 마음으로 허락을 했다. 그러나 직원은 외출 후 두 시간이 넘도록 돌아오지 않았다. 계속 이런 식으로 근무를 하게 할 수는 없었다. 어떤 결단이 필요했다.

새해 첫날부터 직원을 해고한다는 것은 바람직하지 않다는 생각도 했다. 그러나 이 상태로 근무를 계속 해 나갈 수는 없었다. 사무실로 복귀한 직원에게 더 이상 이런 식의 근무태도는 용납할 수 없다고 했다. 그만두고 자리를 옮길 것을 건의했다. 그때부터 직원의 태도는 돌변했다. 직원의 폭언을 듣고 있을 수 없던 나는 "너 같은 직원

필요 없으니 당장 나가!"라고 소리를 쳤다. 스스로 감정을 조절할 수 없었다. 많은 시간 참고 참았던 감정이었다.

이후로도 며칠간은 화를 감당할 수 없는 시간을 보냈다. 며칠 뒤 실시한 사무실 회식자리에서 직원은 아무 일도 없다는 듯 웃으며 술잔을 건넸다. 그러나 아직 그럴 수 있는 마음 상태가 아니었다. 직원에게 들었던 말들이 아직 상처로 남아 있었다. 그때 결심했다. '아! 더 이상 같이 일을 할 수 없겠구나!' 나와는 근본적으로 사고가 달랐다. 직원은 본인의 잘못을 인지하지도 못하고 있었다. 이 상태라면 문제는 해결되지 않고 계속될 수밖에 없었다.

회식자리에서 직원의 잔을 끝내 받지 않았다. 본사와 상의 후 다음날 직원에게 말일까지의 월급을 줄 테니 이번 주까지만 출근을 하고 그만 나오라는 최후통첩을 했다. 그렇게 직원은 해당 월 중순쯤 퇴사를 했다. 월급은 그달 말일분까지 지급했고, 덕분에 후임으로 온 직원이 무보수로 나머지 기간을 채워야 했다. 아파트 관리비로 두 명의 직원에게 월급을 지급할 수는 없었다. 무보수로 일을 해 준 직원에게는 아직도 고맙고 미안하다.

직원이 퇴사하고 오랜 시간이 지난 이제야 얼굴을 보며 웃을 수 있을 정도의 감정이 되었다. 처음 좋은 감정으로의 만남이 마지막 최

악의 상황으로 끝이 났지만 그 당시의 상황에 대해서는 지금도 가끔 반성을 한다. 다른 선택을 했어야 한다고. 자리 이탈을 느끼게 된 즉시 바로잡았더라면 한 번 서운하고 말 일이었다. 미움 받을 용기가 부족했다. 직원에게 잘못된 습관을 키워준 것은 나의 묵인이었다. 지나고 보니 모든 것은 내 불찰에서 시작된 일을 직원에게 돌리고 있었다. 그 사실을 깨달은 건 이미 모든 일이 벌어지고 난 다음이었다.

직원과의 불편함이 계속되는 시점에 나의 리더십에 대한 심각한 고민을 시작했다. 무엇이 부족하며 어떻게 그것을 채워나갈 것인가에 대해서 말이다. 그러던 중 현재는 이&유 코칭센터의 대표를 맡고 있지만 그때만 해도 아파트 관리사무소장을 하고 있던 이숙현 소장님을 통해 카네기 교육을 소개 받았다. 2007년 1월 9일 화요일이었다. 그날 바로 교육장소를 찾았다. 카네기 교육비는 1,200,000원이었다. 많은 돈을 투자해서 받아야 하는지에 대한 고민 또한 하지 않았다. 소개해준 분에 대한 신뢰가 있었고 나에게 반드시 필요한 교육이라고 생각했다.

1강을 시작으로 리더십 공부는 시작되었다. 12주 과정 동안 인간관계를 증진하는 법, 명확하게 의사를 전달하는 법, 직원들의 협력을 창출하는 법, 직원들에게 동기를 부여하는 법과 함께 당시 가장 필요로 했던 걱정 및 스트레스를 극복하는 법과 타인을 감동시키는 리더십 등에 대한 교육이 진행되었다. 직원을 보내고도 단번에 정리되지 않았던 여러 가지 문제들을 교육기간 동안 다듬고 풀어내고 이겨냈다. 12주 과정을 수료한 후에도 코치와 재수강을 반복하며 끊임없이 부족함을 채워가기 위해 노력하고 있다.

늘 배우는 자세를 잃지 마라.
지식이란 절대로 고정되거나 완결된 것이 아니다.
배우기를 끝내면 리더로서의 생명도 끝난다.
리더는 결코 자신의 능력이나 지식수준에 만족해서는 안 된다.

– 존 우든, 『리더라면 우든처럼』에서 –

경영마인드를 장착하라

2005년 전주비전대 전기과를 졸업하고 대학원에 가서 공부를 계속 하고 싶었다. 그러나 대학원에 진학할 수 있는 자격요건이 되지 않았다. 전문대만 4년을 다닌 내게는 학사자격이 주어지지 않아서였다. 공부를 계속하기 위해서는 다른 방법을 찾아야 했다. 평생교육원에서 학점이수를 통해 자격을 얻기로 했다. 전주비전대 전기과를 졸업한 그해 전주대 평생교육원에 입학을 했다. 교육을 받으며 필요한 학점을 모두 이수하고서야 비로소 대학원에 입학할 수 있는 자격을 얻게 되었다.

전기를 전공하고 난 이후라 자연스레 최근에 공부한 전기공학과를 선택했다. 전기공학을 전공하는 대학원에 진학한 것이다. 한 학기를 다녔다. 지금도 가장 취약한 것이 영어지만 그 당시에도 영어가 가장 문제였다. 외국 유학을 다녀오신 교수님은 영어로 수업을 하셨고 교재 또한 영어교재를 선택하셨다. 한 시간도 수업을 빠지지 않았지만 알아들을 수가 없었다.

우리말로 수업을 진행해도 어려운 수업이었다. 하물며 영어라니… 한 학기 성적표를 받아보고 다음 학기 등록을 포기했다. 400만 원에 가까운 등록금만 날렸다.

영어 때문에 등록을 포기한 것이 아쉬웠다. 전공을 바꿔 다시 도전하기로 했다. 가장 자신 없는 영어에 대한 비중이 적은 전공을 선택해야 했다. 다음 조건은 지금 하고 있는 업무와 관련이 있어야 했다. 아파트 관리사무소도 경영이다. 전북대학교 경영대학원에 입학을 했다. 경영대학원 3학기에 전공과목으로 인사조직을 선택했다. 아파트 관리사무소는 타 업종에 비해 조직의 몰입도가 낮고 이직률이 높은 편에 속한다. 인사조직을 공부하며 관리사무소장과 직원들 간의 관계가 이들에 미치는 영향에 대해 알아보고 싶었다.

5학기 중 4학기를 마칠 즈음 결혼식을 올렸다. 이미 늦은 나이의 결혼이었다. 아이를 낳을 거라면 더 이상 늦출 수도 없었다. 남은 한

학기 동안은 논문을 써야 했지만 다음 해 2월 임신을 했다. 임신기간 동안 많이 힘들다는 것을 경험해 보고서야 알았다. 상상도 못 했던 입덧과의 전쟁은 아이를 출산할 때까지도 이어졌다. 임신 중에도 논문 쓰기를 진행했고 거의 마무리되었다고 생각했으나 지도교수님께서는 완성도가 떨어진다는 이유로 통과시켜 주지 않았다. 어떻게든 졸업하고 싶어 여러 번 수정하고 다시 제출했으나 끝내 좌절됐다.

2010학번 동기들은 2012년 8월 대부분 졸업을 했다. 동기들이 졸업하고 난 다음 혼자 남아 다시 쓸 수 있을지 자신이 없었다.

그해 11월 아이를 출산하고 다음 해인 2013년이 시작되면서 덮어두었던 논문을 다시 펼쳤다. 혼자였지만 어떻게든 논문을 써내고 싶었다. 그런데 논문 쓰기 마지막 작업에 최선을 다해도 부족했던 시기에 덜컥 둘째를 임신하게 되었다. 또다시 끝나지 않는 입덧이 시작되었다. 몸도 마음도 힘들었다. 외모 가꾸는 것도 싫었다. 마치 폐인 같았다. 그러나 또다시 포기할 수는 없었다. 그해 8월 22일 드디어 학위를 받고 졸업을 했다.

누구나 다 가지고 있는 석사학위인지는 모르겠다. 그러나 고졸에서 2년제 야간대학을 졸업했다. 10년 만에 2년제 야간대학에 다시 갔다. 공부를 하고 싶었으나 상황이 도와주지 않았다. 끝까지 포기하지 않고 혼자서 이뤄낸 결과였다. 그래서 남다른 의미가 있는 학위다.

논문을 통해 몇 가지 시사점을 찾을 수 있었다. 그중 하나는 공동주택관리업무의 종사자들은 저임금과 열악한 근로환경으로 인해 조직몰입이 낮고 이직률이 높은 편에 속한다는 것이었다.

이런 상황에서 한 조직에서 근무하는 관리사무소장과 직원 간 교환관계의 질을 높임에 따라 조직몰입을 높이고 이직의도를 낮출 수 있다면, 지금보다 안정적이고 효율적인 인적자원 관리가 가능하여 업무의 지속성을 유지하고 근로자들에게 장기근속을 유도할 수 있다. 이는 결과적으로 공동주택 입주민들에게 좀 더 안정되고 효율적인 양질의 서비스를 제공할 수 있게 된다는 것이다.

설문을 통한 논문을 진행하면서 아파트 관리사무소에서 근무하는 관리사무소장과 직원들 간의 관계가 직무성과에 어떠한 영향을 미치는가에 대해서도 조금은 알게 되었다. 아파트 관리사무소 업무의 특성상 담당업무별 조직몰입과 이직의도가 다를 수 있는 만큼, 앞으로 공부를 계속한다면 관리사무소장, 기술직, 경리직, 관리직 등 다양한 계층을 대상으로 리더십 및 직무성과를 확대 연구해 보고 싶다는 생각을 하게 되었다.

연구를 통해 상대적으로 이직률이 높은 아파트 관리사무소 직원들의 고용 안정화 방법에 대해 계속 모색해 보고 싶다.

아무리 어려운 상황일지라도 가능한 방법을 찾아라.
반드시 해결책은 있다.

책을 통한 변화의 시작 _소피의 세계

"그냥 한번 읽어 봐."

비전대 전기과 1학년, 어느 날 문명룡 교수님은 나를 연구실로 부르셨다. 교수님은 내게 『소피의 세계』라는 제목의 책을 한 권 선물해 주셨다. 무슨 책이냐는 질문에 그냥 한번 읽어보라며 건네셨다.

문명룡 교수님께서는 수업시간마다 늘 읽으셨던 책 중에 좋았던 책에 대한 이야기를 스치듯 하셨다. 읽어보라거나 구입하라거나 그 어떤 말씀도 없으시고 그냥 그렇게 스치듯 말씀하셨다. 그러니 처음에 교수님의 책 이야기는 내게 관심 밖이었다. 평소 책이라면 담을 쌓고 지낼 정도로 책을 읽어본 기억이 없었다. 그나마 월간으로 구

독해서 보던『좋은 생각』이 연중 읽던 독서량의 대부분이었을 정도다.

책을 접해보지 못한 건 내가 처한 상황이기도 했다. 어렸을 적 아주 깊숙한 시골에서 살았다. 버스도 하루에 3~4번 정도밖에 들어오지 않는 마을이었다. 교통이 불편하다 보니 마을에 거주하는 주민들도 많지 않았다. 마을에는 총 8세대가 전부였다. 우리가 그 마을에서 살게 된 것은 아버지의 직업이 옹기그릇을 만드는 장인이셨기 때문이었다. 마을에는 옹기그릇을 만드는 작업장과 가마가 있었다. 엄마는 마을 사람들이 만든 옹기그릇을 내다 파시는 일을 했다. 이런 곳에서 책을 접하기란 힘들었다.

집에는 교과서 외에는 동화책 한 권도 없었다. 초·중·고등학교 시절 학교 도서관이나 친구들에게 빌려 읽었던 것이 전부였다. 책을 읽고 싶어도 가까이 접할 수 없는 환경은 자연스레 책과의 거리를 멀어지게 했다. 초등학교 5학년이 되어서야 특별활동 시간에 좀 많은 책을 읽었다. 이후 고등학교 때 학교 도서관에서『제인 에어』를 읽고 감동을 받아 한동안 고전을 몰아서 읽었던 기억이 있다. 이후 다시 책은 점점 멀어져만 갔다. 다시 책에 관심을 가지기까지는 오랜 시간이 걸렸다.

처음 『소피의 세계』를 받았을 때는 '이 두꺼운 걸 언제 읽어'라는 생각이 먼저 들었다. 책의 두께가 한 달에 한 번 정기 구독하는 『좋은 생각』의 5배쯤 되다 보니 그럴 수밖에 없었다. 이 책 한 권이 나에게 책 읽기를 시작하는 계기가 될 줄은 미처 알지 못했다.

책을 선물해 주신 교수님의 성의도 있고, 혹시나 책 읽어보았냐고 물어보시면 최소한 '잘 읽었습니다' 정도의 답변은 해드려야 했다. 읽지 않을 수 없었다. 어쨌든 부담스럽고 감사한 마음에 받아 든 책을 뚝딱 읽어내고는 그때부터 책의 매력에 끌리듯 많은 책을 읽기 시작했다. 책 한 권이 만들어낸 변화였다. 그 뒤로도 수업시간마다 교수님이 이야기하시는 책은 모두 구입해서 읽기 시작했다. 나이 서른이 넘어서부터 독서에 관심을 가지기 시작한 것이다.

졸업을 하고도 교수님과의 만남은 계속되었다. 학교에는 HL0GBL이라는 아마추어 무선햄 동아리모임이 있었다. 무전기로 서로 교신하는 장면이 멋져 보인다는 이유만으로 동아리에 가입을 했다. 관련 자격증을 취득하고 무전기도 구입했다. 동아리 친구들과 교신도 했다. 그 동아리의 지도교수님이 문명룡 교수님이셨다. 졸업 후에도 교수님은 만날 때마다 신간 도서나 좋았던 책에 대한 이야기를 해주셨다. 어떤 책을 읽어야 할지 몰라 했던 내게 안내서와도 같

은 말씀이셨다. 당연히 그 책들을 모두 다 읽어 냈다.

지금 생각해보면 얼마나 행운이었나 싶기도 하다. 그 한 권의 시작이 나의 변화를 이끌어 내기 시작했으니 말이다. 책을 언제부터 읽기 시작했는가는 중요하지 않다. '이후로 어땠는가! 꾸준하였는가! 지금은 어떠한가!'가 중요하다. 그 이후로 손에서 책을 놓지 않고 있다. 『소피의 세계』단 한 권의 책은 나의 변화를 이끌어 내었고 내가 책과 함께할 수 있는 계기를 마련해 주었다.

> ### 내 인생의 책 한 권은 무엇인가?

내 인생의 동반자
리더스클럽을 만나다

카네기 교육을 통해 리더스클럽의 유길문 회장님을 만나게 되었다. 매주 한 권의 책을 읽고 토요일 새벽 6시 40분부터 두 시간씩 독서토론을 진행하는 사람들이 있다는 것을 알게 되었다. 지금의 리더스클럽이 있기까지의 과정을 들으면서 회장님을 존경하게 되었다. 리더스클럽은 회장님의 희생과 열정이 없었다면 불가능했을 것이다. 회장님은 독서토론을 위해 토요일에 행해지는 집안의 애경사 참석까지도 모두 포기했을 정도라고 하셨다.

비가 오나 눈이 오나 한 주도 거르지 않고 토요일 새벽이면 독서토론 장소에서 회원을 기다리셨다는 회장님의 이야기는 감동이었다. 눈이 펑펑 내리던 어느 날은 새벽부터 토론 장소에서 사람들을 기다

렸지만 아무도 나오지 않아 자리만 지키다 되돌아가셨다고 한다. 요즘 독서토론열풍이 대단하다. 그 중심에 리더스클럽이 있다고 해도 과언이 아니다. 유길문 회장님! 이 한 사람의 열정이 책 읽는 대한민국을 만들어가는 건 아닐까 하는 생각이 든다.

직장에 다니면서 솔직히 한 주에 책 한 권 읽어내는 것은 생각만큼 쉽지 않다. 그런데 리더스클럽 회원들은 매주 한 권의 책을 읽고 독서토론에 참석을 했다. 게다가 책을 많이 읽어서인지 이야기들도 어쩜 그리 잘하는지 부럽기만 했다.

한 번 두 번 참석하면서 독서토론의 매력에 푹 빠지게 되었으나 문제는 매주 책을 다 읽고 나가지 못한다는 것이었다. 책을 읽지 못한 날은 독서토론에 나가고 싶지가 않았다. 나가서 책에 대한 이야기를 하지 못하니 책과는 전혀 무관한 다른 이야기를 하다 오는 날들이 많았다. 그런 날은 왠지 허전한 생각이 들었고 자연스럽게 독서토론에 참석하는 횟수가 줄어들었다. 안 되겠다. 매주 독서토론에 참석을 하자고 다짐했다.

먼저 독서토론 선정도서를 모두 구입했다. 그다음 일주일에 책 한 권 읽어내는 습관을 만들고 책 한 권을 읽어내는 지구력을 키우기 위해 책을 읽으며 밑줄을 그었고 워드로 정리하기 시작했다. 그렇게 정리한 자료와 책을 들고 독서토론에 참석했다. 토론시간이 더 재미있고 즐거워졌다.

책을 구입하는 비용도 만만치는 않았다. 한 달에 몇만 원은 책 구입비용으로 지출했다. 그렇게 10년간 쌓인 책이 몇백 권은 된다. 그러면서 책을 읽는 즐거움과 함께 집 책장이 채워져 가는 것 또한 하나의 즐거움이 되기도 했다.

혹시 책을 읽고 독서토론에 참석을 하고는 싶으나 아직 책 읽는 습관이 부족하거나 바쁘다고 생각되는 사람은 이와 같은 방법으로 접근해보라고 추천해 주고 싶다. 꼭 같은 방법이 아니라고 하더라도 다양한 방법이 있을 수 있다. 그중 또 하나는 요즘 리더스클럽에서 유행하고 있는 나만의 서평 쓰기로 이것도 꽤 괜찮은 방법이다. 서평 쓰기는 책 읽기와 함께 글 쓰는 능력까지 향상시켜주는 그야말로 일석이조의 효과까지 있으니 말이다.

『이제는 오감대화다』의 오경미 작가는 리더스클럽을 알게 되면서 한 주도 빠지지 않고 몇 년 동안 열심히 참석을 했다. 그러면서 진행자들의 부탁으로, 또는 자의로 서평 쓰기를 시작했다. 서평 쓰기에 탄력을 받았는지 어느 날 『이제는 오감대화다』라는 책을 들고 작가

유길문 · 이은정 · 오경미 공저의 『된다 된다 책 쓰기가 된다』 출판기념회

로 데뷔하기도 했을 정도다. 이처럼 서평 쓰기를 시작으로 작가 데뷔를 준비 중인 회원들이 여러 명 있다. 그러니 책을 읽는 목표 중 하나의 방법으로 서평 쓰기만큼 좋은 방법이 또 있을까.

책을 읽고 싶다는 생각이 든다면 지금 당장 서점으로 가서 책을 사 보는 것은 어떨까 한다. 어떤 책을 사야 될지 모른다면 매월 공지되는 리더스클럽의 선정 도서 목록을 참고하는 방법이 있다. 리더스클럽을 이끌어 오신 유길문 회장님도 대학생 때부터 책을 읽기 시작하셨다고 한다. 아직 책을 읽고는 싶으나 읽을 수 없는 이유가 많은 사람들은 책을 읽어낼 방법을 찾아내보는 것은 어떨까. 책 한 권을 읽어낼 수 있는 지구력을 키워내는 방법 말이다.

리더스클럽이 아니었다면 감히 내가 작가라는 꿈을 가질 수 있었을까? 누구든 책을 꾸준히 읽다 보면 언젠가는 작가의 꿈도 꾸고 이루게 될 것이다.

> 토론은 부드러운 사람을,
> 글쓰기는 정확한 사람을,
> 독서는 완전한 사람을 만든다
> -프랜시스 베이컨 Francis Bacon-

연습으로 두려움을 정면 돌파하라

'떨리면 떨리는 대로.'

나는 무대공포증이 심하다. 무대에 서는 것에 대한 두려움만 가지고 있는 것이 아니다. 다수의 사람들과 함께하는 자리에서 앉아서 한 마디씩 해야 하는 순간까지도 내 차례가 오기를 기다리는 내내 가슴을 졸인다. 그 자리를 어떻게 피할 수 있는 방법이 없을까를 고민할 정도로 말이다. 남들은 잘도 하는 간단한 인사 한 마디도 왜 이리 가슴이 뛰는지! 지금도 내 꿈 중에 하나는 대중 앞에서 두려움 없이 자신감 있게 나를 표현하는 것이다.

2007년 처음 리더스클럽을 만나긴 했지만 적극적으로 리더스클럽 활동을 시작한 것은 2008년이다. 이후 독서토론 시간을 통해 무대공포증을 이겨내기 위한 훈련이 시작되었다. 만 2년이 되기 전인 2009년에 리더스클럽 운영진에 합류했다. 운영진이 된 이후로도 사람들 앞에 서는 건 여전한 두려움이었다. 두려움을 극복하지 못한 상태에서 첫 번째 독서토론 진행이 맡겨졌다.

첫 진행은 2010년 1월 8일 저녁 7시 월요독서토론이었다. 첫 진행이니 만큼 진행자가 원하는 책을 선별해서 할 수 있는 기회가 주어졌다. 여행을 좋아하고 제주 올레길을 좋아하던 나는 제주 올레 이야기가 담긴 서명숙 이사장님의『놀멍 쉬멍 걸으멍』으로 결정했다. 상대적으로 참석인원이 적은 10명 이내의 월요독서토론에서의 진행이지만 두렵기는 마찬가지였다. 책을 세 번 정독하고 책의 내용을 발췌하고 그중 토론 논제를 발제했다. 두려움을 이겨내고 실수를 줄여야 했다. 연습에 연습을 반복했다. 덕분에 첫 번째 독서토론을 무리 없이 마쳤다.

이후 2010년 4월 27일 토요독서토론에서도 첫 진행을 맡게 되었다. 토요독서토론은 10명 안쪽의 월요독서토론과는 분위기가 다르다. 몇십 명이 함께하기에 월요독서토론과는 비교도 안 될 두려움과 부담감이 있었다. 첫 토요독서토론 진행 책은『타인의 고통』이었다. 직

접 고른 책이 아니었다. 진행을 맡고 나서야 책을 구입하고 읽었다. 모르면 용감하다고 했던가! 난 용감했다. 책은 너무 난해하게 다가왔다. 읽지 않았었기에 가능한 진행이었다.

이렇게 난해한 책이라는 걸 알았다면 '아니, 못 해요'라고 거절을 했을 텐데 한번 한다고 했으니 그럴 수도 없었다. 몇 주간 잠도 제대로 못 잘 정도로 걱정이 되었다. 읽히지 않는 책을 읽고 또 읽었다. 내용을 발췌하고 논제를 발제하고 인터넷 여기저기 검색해서 관련 자료를 찾고 찾아서 PPT 자료를 만들었다. 진행 방향을 잡기도 쉽지 않았다. 주변 사람들의 도움을 받기로 했다. 누군가의 도움은 늘 힘이 된다.

책을 추천해 주신 김자연 교수님께 추천 동기와 전체 서평에 대한 부탁을 드렸다. 흔쾌히 허락해주셨다. 거기에 적십자사에서 근무하는 이은정 선생님이 어려워할 것을 알고 국제인도법에 대해서 전달해 주겠다고도 했다.

독서토론 진행 당일 날에는 새벽 4시에 일어났다. 긴장이 되어 잠도 푹 자지 못했다. 혹시 빠트린 것은 없는지, 준비한 PPT 자료를 다시 한번 검토하고 머릿속으로 생각을 정리하고 독서토론 장소로 이동을 했다. 이동하는 내내 어떤 상황이든 그대로 받아들이고 그냥 순간을 즐기자는 각오를 했다.

진행 자리에 서기 전까지 '오프닝은 어찌해야 하나! 마무리는 뭐라고 해야 하나! 무슨 말들이 나올지 모르는데 코멘트는 또 어찌해야 하나!'에 대한 걱정에 걱정을 안은 채 오전 6시 40분 토론 시작 시간이 되었다. '마음을 비우자! 떨리면 떨리는 대로 하자! 잘할 수 있다!'라고 주문을 외우는 사이 토론은 이미 시작되었고 돌파구는 없었다. 잘하든 못하든 내가 책임져야 하는 2시간이 시작된 것이다.

2010년 1월 8일 첫 독서토론 진행 모습

손도 발도 심장도 부들부들 떨면서 간단하게 오프닝을 하고 작가 소개를 마쳤다. 너무 많은 말을 하게 되면 실수를 하게 될 거라는 것을 알기에 말수를 줄이고 회원들이 말할 수 있는 기회를 많이 만들었다. 토론이 진행되면서 시작보다는 차츰 안정이 되어 간다는 걸 스스로 느낄 수 있었다. 발표해 주시는 분들의 이야기를 들으며 무리 없이 코멘트를 했고 마무리에 어떤 말을 해야겠다는 생각도 순간순간 떠올랐다. 긴장한 탓에 발표하시는 분들의 성함이 기억이 나지 않아 좀 난감했지만 차츰 공포감을 이겨내고 있었다.

그렇게 무리 없이 토론을 마쳤다. 무사히 독서토론을 마쳤다는 것 자체만으로도 행복했지만 많은 분들의 이어지는 칭찬의 힘도 느낄 수가 있었다. 아직 가야 할 길이 멀고 많이 부족했다. 지금도 진행자 자리에 서면 손발이 떨리고 심장이 쿵쾅거린다. 하지만 그 두려움을 이겨내기 위해 연습에 연습을 거듭하고 더 잘할 수 있도록 준비를 한다.

누구나 처음은 두렵다. 그러나 그 두려움을 이겨낼 수 있는 방법은 얼마만큼 준비되어 있는가이다. 두려움을 극복할 수 있는 방법 중 하나가 연습에 연습을 거듭하는 것이다.

흔히들 독서토론의 진행자는 꽃이 아니고 꽃받침이라고 한다. 두려움을 극복하고 나도 좋은 꽃받침이 되기 위해 오늘도 연습에 연습을 거듭하며 준비를 한다.

누구에게나 처음은 두렵다.
두려움을 극복할 수 있는 최선의 방법은 연습을 거듭하는 것이다.

직원들의 성장은 곧 나의 기쁨

"부탁이 있는데요. 여직원이 나가고 새로 직원을 뽑아야 하는데 조카를 좀 데리고 있어도 될까요?"

첫 번째로 같이 근무했던 여직원이 퇴사를 결정하고 다시 여직원을 채용해야 했다. 본사 인사담당 과장님께 조카와 일을 해도 되겠는지에 대해 물었다. 과장님은 흔쾌히 승낙해 주었다.

지금까지 같이 근무했던 여직원은 여섯 명이었다. 길게는 8년, 짧게는 한 달이었다. 첫 번째로 근무를 같이 했던 직원은 고등학교를 갓 졸업한 사회 초년생이었다. 아직 앳된 직원을 만나면서 고등학교를 졸업하고 사회생활을 해야 했던 그때의 내 생각이 났다. 앞으로 살아갈 날이 더 많은, 꿈 많을 직원에게 공부를 계속할 수 있는 기회를 주고 싶었다. 야간대학을 권유했다. 직원은 입사 2년 차인 2001년 3월 전문대학에 입학을 했다. 공부할 수 있도록 할 수 있는 지원과 배려를 해주고 싶었다.

그러나 해 줄 수 있는 것은 많지 않았다. 고작 30분 정도 퇴근을 빨리 할 수 있게 해주는 것과 시간이 나면 잠깐씩이라도 책을 볼 수 있는 시간을 주기 위해 내가 직접 처리할 수 있는 일은 직접 하는 것 정도였다. 그 외에는 더 이상 해줄 수 있는 것이 없었다. 학비를 지원해 줄 수도 없고 월급을 더 줄 수도 없었다. 조금이라도 마음 편하게 공부할 수 있는 환경을 만들어 주는 것 외에는 말이다.

첫 번째 여직원이 학교를 졸업하면서 전공학과 조교로 직장을 옮기며 두 번째 여직원을 채용해야 했다. 대학을 포기하고 경기도에서 직장을 다니는 조카에게도 공부할 수 있는 기회를 주고 싶었다. 8살의 나이 차이밖에 나지 않는 조카는 내가 중·고등학교 시절 잠깐 같이 생활한 적이 있어서인지 남다른 애정이 있는 조카이기도 했다. 안쓰러운 조카에게도 꿈을 심어주고 싶었다. 학비를 지원해 줄 수는 없지만 직장을 다니며 공부를 할 수 있는 방법에 대해서는 도움을

줄 수 있었다.

전주로 내려오라고 했다. 직장을 잡아야 했다. 마침 첫 번째 여직원의 퇴사로 나와 함께할 직원이 필요했다. 다른 사람에게 보내는 것보다는 나와 같이 있는 것이 더 좋겠다는 생각에서였다. 물론 입주자대표회의나 입주민들은 모르는 일이었다. 사무실에서도 과장을 제외하고는 아는 사람이 없었다.

조카를 데리고 근무를 한다는 것은 생각보다 쉬운 일이 아니었다. 나는 조카가 전에 있던 여직원보다 일을 더 잘하기를 기대했고, 혹독하게 가르쳤다. 누군가 조카라는 사실을 알게 될까봐 더 냉정하게 대했고 더 엄격했다. 조카를 데리고 있던 2년 동안 사무실에서는 진심으로 마음 편안하게 웃어주었던 기억이 없을 정도였다. 그 점에 대해서는 지금도 미안한 생각이 든다. 그렇게까지 하지 않았어도 괜찮지 않았을까! 그냥 서로 일만 잘했으면 되었을 테니 말이다. 괜히 같이 근무하면서 조카에게 또 다른 부담을 준 건 아닌지 후회하는 날도 있었다.

당시에는 그랬다. 훗날 누군가 조카라는 사실을 알게 되면 오해가 생길 수 있다는 생각을 했다. 그래서 금전적으로는 더욱 더 철저하려 했고, 다른 모든 부분에 있어서도 더욱 완벽하고자 했다. 조카와

일을 하니 고모가 얼마나 반듯한 사람이며 일을 잘하는지에 대해서
도 보여줘야 했다. 같이 근무한 2년은 조카에게는 미안했고 나 스스
로에게도 혹독한 시간이었다.

조카는 일을 참 잘해 주었다. 다른 사람들에게보다 더 냉정하게 자
신을 대하는 것에 대한 서운한 맘도 있었을 것이다. 그러나 한 번도
내색하지 않았다. 묵묵히 해야 하는 일을 했고 고모와 조카가 아닌
직장상사와 부하직원으로 부족함 없이 함께해 주었다.

조카는 우리 사무실에 들어오던 해에 바로 전주비전대학 영상디
자인학과 야간에 입학을 했다. 2년간의 학비를 모두 저리의 학자금
대출로 충당을 했다. 저리라고는 하지만 대출받은 학자금은 졸업 후
조카가 갚아 나가야 할 빚이 되었다. 그러나 학교에서 배운 지식은 앞
으로 인생을 살아갈 밑거름이 되었다고 생각한다. 조카는 2년간 학교
생활을 즐겁게 했다. 공부도 열심히 하고 친구들도 많이 사귀었다.
　내가 해준 것은 없었다. 다만 공부를 하면서 자아를 찾아갈 수 있
도록 그 방법에 대해 조금 알려주었을 뿐이다. 조카는 2년간의 학교
생활을 잘 마치고 현재는 전공을 살려 사진 스튜디오에서 일을 하고
있다. 지금은 결혼을 해서 나름 행복한 가정을 꾸리고 사는 조카를

보면 고맙고 기특하기도 하다.

그 이후로도 항상 그랬다. 같이 근무하는 직원들에게는 지금보다 좀 더 성장할 수 있도록 공부하기를 독려했다. 나이 어린 기사들에게는 전기기사나 기타 자격증을 취득하기를 권했고 여직원들에게는 주택관리사보 자격증 취득을 권했다. 실제로 함께 근무한 여직원 중에서는 주택관리사보 자격증을 취득해서 현재 다른 아파트 관리사무소장을 하는 사람이 있기도 하다. 스스로 하지 않을 경우에는 어쩔 수 없지만 본인의 의지가 있는 직원에게는 내가 할 수 있는 지원을 아끼지 않는다. 이것이 내가 직원들에게 해줄 수 있는 최선이다.

> 리더는 사람들을 타성에서 벗어나게 해주는 사람이다.
> 미지의 세계에 대한 기대를 심어주는 사람이 리더다.
>
> —페로사베스 칸터—

3장

공감

살아줘서 고마워요

꺼진 불도 다시 보자

"관리사무소죠? 여기 0동 0호인데요. 윗집에 불이 났나 봐요. 처음엔 타는 냄새가 나더니 이제 연기가 올라와요. 빨리 와보세요."

다급한 일로 걸려오는 전화는 울리는 소리마저도 왜 이렇게 요란스럽게 들리는지 꼭 나쁜 예감은 빗나간 적이 없다. 이날 역시 어김없이 요란하게 울려대는 전화 벨소리만으로도 전 직원은 당황했다.

"이 주임님 어서 가서 0동 0호 가스밸브를 먼저 잠그시고 세대로 올라가 보세요."

다급하게 설비기사에게 지시를 하고 지상주차장으로 뛰어가서 세대 발코니를 바라보았다. 회색빛 연기가 발코니 큰 창밖으로 뿜어져 나오는 것이 그대로 보였다. '정말 화재가 났을까?' 정말 화재가 났다면 큰일이다. 화재가 아니길 바랄 뿐이었다.

먼저 119에 전화를 했다. 화재가 났다는 가정하에 일을 처리해야 했고 만약 화재라면 신속하게 진압해야 했다. 다행히 아직 화재가 나지 않았더라도 세대 내로 들어가 봐야 했다. 세대주민에게 연락을 하기 위해 집 전화, 인터폰, 휴대전화 등 모든 수단을 활용했지만 세대원 누구와도 연락이 닿질 않았다. '혹시나 세대 안에서 연기에 질식해버린 것은 아닐까?' 가슴이 쿵쾅거렸다. 제발 집 안에 사람이 없기를 바랄 뿐이었다. 그 사이 설비기사에게 전화가 왔다.

"가스밸브는 잠갔는데요. 세대에 사람이 없는지 몇 분을 문을 두드려도 인기척도 들리지 않는데요. 어떻게 할까요? 철수할까요?"
"아뇨, 계속 두드려보세요. 119가 곧 도착할 예정이니 그때까지 계속해서 확인해보세요. 혹시나 상황을 모르고 안에서 잠이 들었으면 연기에 질식할 수도 있으니 계속하세요."

전화를 끊고 30초쯤 지났을까 다시 휴대전화 벨이 울렸다. 다시 설비기사였다.

"세대 문 열렸어요. 아저씨하고 아들하고 각기 다른 방에서 잠을 자고 있었대요. 다행히 화재까지는 안 번졌고요. 곰탕을 올려놓았는데 그게 다 타버렸네요. 문 두드리는 소리에 잠을 깨셨는데 문을 닫고 주무셔서 연기가 나는지도 모르셨다는데요."

"휴~ 다행이네요. 두 분 모두 별다른 이상은 없으시죠?"

"네, 이상 없으시고요. 미안하다고만 하십니다."

"수고하셨어요."

"휴~~" 절로 안도의 한숨이 나왔다. 불과 몇 분 만에 지옥과 천당을 오고 간 기분이었다. 한숨을 돌리고 전화를 끊으려는 순간 요란한 사이렌 소리와 함께 빨간 소방차가 달려왔다. 아파트 입주민들이 무슨 일인가 하여 창문을 열고 밖을 내다보는 모습이 여기저기 보였다. 한쪽 손에는 휴대전화를 들고 다른 한쪽 손으로는 들어오는 소방차를 불러 세웠다.

"수고하십니다. 화재인 줄 알고 연락을 했는데 다행히 화재로까지 번지지는 않았네요. 연기가 나는지도 모르고 안에서 아저씨와 아드님이 각자 방에서 주무시고 계셨다고 합니다. 번거롭게 해드렸나 봅니다. 괜한 헛걸음 하셨네요."

"아, 그래요. 다행이네요. 화재가 나지 않았다고 하더라도 소방차가 출동을 하면 세대에 별 이상이 없는지 들어가서 확인은 해봐야 합니다. 같이 가보실까요?"

세대 안은 음식 탄 냄새와 연기로 숨을 쉬기조차 힘들었다. 곰탕을 끓이던 냄비는 새까맣게 변해있었고 곰탕을 우려내던 뼈는 형체를 알아볼 수도 없었다. 주인아저씨와 아들은 민망한 듯 머리를 긁적이며 연신 고개만 숙일 뿐이다. 이런 자리에 오래 있으면 괜히 무안해질 것 같아 빨리 확인만 하고 나왔다. 소방대원은 확인을 받아야 한다며 서명을 요청했다. 거듭 번거롭게 해드려서 미안하다고 인사를 전하니 소방대원은 아무 일도 없었지만 초기대응을 잘했다며 괜찮다는 말을 남기고 돌아갔다.

놀란 가슴을 진정시키고 직원들과 사건에 대해 이야기하고 있을 때 세대 사모님에게 전화가 왔다. 다급할 때 울렸던 전화기를 이제야 확인했던 것이다. 상황을 전하니 한바탕 크게 웃으신다. 미안하고 고맙다는 인사에 할 일을 했을 뿐이라 전하고 수화기를 내려놓았다.

주택과 아파트는 같은 주거공간이지만 다른 부분이 많다. 주택은 건물 하나에 많아야 서너 가구 정도가 어울려 사는 것이 보통이지만 아파트는 수십, 수백 가구가 함께한다. 그러다 보니 자연히 이런저런 일들이 많이 일어난다. 사는 사람이 많으니 일어나는 일도 다양할 수밖에 없는 건 사실이다. 이번처럼 화재로까지 번지지 않은 일은 참 다행스러운 일이다. 실제로 화재가 발생하는 경우도 종종 있으니 말이다.

사람은 누구나 실수를 한다. 가스레인지 불에 찌개를 올려놓고 잠시 한눈을 팔다가 냄비를 태우는 해프닝은 흔히 있는 일이기도 하다. 문제는 그 실수가 큰 피해로 이어질 때 생긴다. 그런데 그 해프닝과 큰 피해 사이에는 대단한 잘못이 있는 것이 아니다. 오늘처럼 그냥 잠시 잊고 혹은 서로를 믿고 좀 오래 깊게 잠든 것일 뿐이다. 그렇게 잠이 깊어지면 사태는 커져버린다. 우리가 잠든 사이에 사소한 일은 대형사고로 이어진다.

아파트에서는 이와 유사한 일들이 가끔 일어난다. 대부분은 오늘처럼 화재로까지 번지기 전 상황이 종료되지만 어떤 경우는 정말 화재로까지 이어지는 경우도 적지 않다. 순간의 사소한 실수 하나로 인해서 많은 사람들의 생명이 잘못될 수도 있다. 꺼진 불도 다시 보는 것! 그것이 위험한 사태가 발생하지 않도록 예방할 수 있다면 예방접종처럼 꼭 필요한 것은 아닐까라는 생각이다.

> 꺼진 불도 다시 확인하는 것은 예방접종과 같다.

살아줘서 고마워요

"소장님, 201동 옥상에서 학생 하나가 뛰어내리겠다며 난동을 피우고 있는데요. 소방서에서 에어매트를 깔기 위해 화단의 나무를 잘라야 한다고 하는데 잘라도 될까요?"

"네? 어쩌겠어요. 사람부터 살리고 봐야죠. 일단 그러라고 하세요."

대답을 하고 서둘러 출근 준비를 했다.

이 일의 시작은 2014년 어느 봄날 이른 아침 사무실에서 걸려온 다급한 목소리의 전화 한 통으로부터 시작되었다. 내가 도착했을 때는 이미 아파트 화단의 나무는 16그루가 잘려나가 주차장 여기저기에 널브러져 있었다. 14년을 넘게 키운 나무들이라 제법 크고 좋은 나무들이다. 나무를 보는 순간 얼마나 애지중지 가꾸고 키워왔는데 아까운 생각이 먼저 들었지만 나무보다 더 중요한 것이 사람의 목숨인지라 그 또한 어쩔 수 없었다.

CCTV 확인결과 새벽 4시 40분경 남학생 둘이 엘리베이터를 타고 옥상으로 올라가는 것이 보였다. 그중에 하얀색 티셔츠를 입은 키가 큰 학생은 올라가는 내내 어딘가에 전화를 하고 있었다. 옆에 있는 학생은 그저 키 큰 친구를 바라보고만 있었다. 엘리베이터가 최상층에 도착했는지 키가 큰 학생이 내리려 하니 작은 학생이 친구의 팔을 잡아당겼다. 팔을 뿌리치는 학생을 따라 둘이 함께 내리는 것이 확인되었다. 그 뒤로 40분쯤 후부터 경찰관이며 소방대원들이 엘리베이터로 분주하게 오르락내리락하는 장면이 목격되었다.

옥상으로 올라간 두 학생 중 키 큰 학생은 새벽 5시 20분경부터 같이 있는 친구에게 "경찰을 불러 달라, 경찰이 오면 뛰어내리겠다."라고 했고 경찰과 119 소방대원들이 함께 출동을 했단다. 뭐 대단한 말을 전하고 싶어서 경찰을 불러달라고 했던 건 아니었을 것이다. 경찰을 불러 달라고 했다는 얘기는 죽고 싶지 않다, 더 살고 싶으니 나

좀 말려달라는 의사표현이었을 것이다.

그렇게 오르락내리락하기를 두 시간. 한 무리의 사람들이 내려왔다. 그중엔 두 시간 전 올라갔던 키가 큰 학생, 허리가 90도로 접힌 채 양팔로 학생의 허리를 잡고 휘청거리며 내려오는 남자, 학생의 양팔을 잡고 내려오는 경찰로 보이는 건장한 두 남자, 그 뒤를 따라오는 여자…. 그 주변에 또 다른 경찰과 소방대원들이 보였다.

아마도 학생의 허리를 잡고 내려오는 사람은 아버지인 듯했다. 현장 CCTV까지 확인하고 곧바로 소동을 일으킨 학생의 부모와 연락을 하기 위해 경찰서로 전화를 했다. 오전 10시 30분경 학생의 아버지가 관리사무소로 오셨다. 아버지는 내 앞에서 죄인이었다. 고개도 들 수 없을 만큼 놀라고 부끄러우신 듯 내내 바닥만을 바라보았다. 그때까지도 마주잡은 손은 바들바들 떨고 있었다. 그리고는 아직 떨림으로 흔들리는 목소리로 여리게 말씀하셨다.

"죄송합니다…."

학생으로 보이던 소동의 주인공은 21살이라고 했다. 고등학교 때부터 말썽을 피웠고 자신의 뜻대로 되지 않는 인생에 대한 화풀이를 종종 부모에게 했다고 한다. 이제 포기하다시피 아들을 방치하신 부모님은 삶까지 포기하려 생각하는 아들의 행동에 적지 않게 놀라시고 상처를 받으신 듯했다.

태어났을 때 얼마나 기뻤했을 것이며 얼마나 큰 사랑과 정성을 다해 키웠을 아들의 행동에 가슴 무너져 내렸을 부모의 마음을 생각하니 안쓰럽고 안타까웠다. 그럼에도 공과 사를 구별해서 일을 해야 하는 입장인지라 현실적 이야기를 꺼내지 않을 수 없었다. 이미 잘려져 나간 나무와 그 피해액을 산출해서 연락을 드리겠다고 말을 하고는 돌려보냈다.

하루가 지나 피해액이 1,000만 원 가까이 나왔다는 사실과 계좌번호를 문자로 보냈다. 그리고 속으로 생각했다. 좀 조정하자고 하겠지 싶었다. 그러면 입주자대표회의 측에 전달해서 금액을 조율해보자는 생각이었다.

다음 날 바로 연락이 왔다. 여기저기 돈을 구했지만 800만 원밖에 구하지 못했다. 그 돈만을 입금했다며 죄송하다는 문자였다. 속으론 '아저씨 좀 협상이라도 해보시고 입금을 하시지!'라는 생각이었다. 그러면서도 보낸 답장은 이랬다. 입주자대표회의 측에 전달하겠다고, 그런데 견적금액과의 차액이 있어 반응이 어떨지는 모르겠다는 내용과 함께 다시 연락을 드리게 되더라도 이해해달라고 했다.

참 성실하고 순수해 보였다. 저런 부모에게서 자란 아들이 어찌 그런 행동을 했을까! 마음이 아파왔다. 나의 일은 아니지만 생돈 800만 원을 급하게 구해서 입금을 하셨을 때는 창피함과 함께 어서 빨리 이 일을 종결 짓고 싶었을 것이라는 생각이 들었다. 아들의 잘못으로 짐이 되어 버린 돈의 무게는 어쩜 부모에게는 깃털만큼의 무게로도 느껴지지 않았을지 모른다. 아직 아들이 살아있다는 사실만이 감사함으로 남았을지도 모를 일이기 때문이다.

사건이 끝나고 3시간이 지난 그 시간까지 마주잡고 있던 양손이 부들부들 떨리던 아버지의 모습을 지금도 잊을 수가 없다. 그 가슴 무너져 내렸을 부모의 심정을 자식은 알고나 있을까라는 생각이 든다. 나도 이제야 후회하는 일들이 많다. 엄마의 가슴을 후벼 팠을 그 많은 말들과 행동들에 대해 세 아이의 엄마가 된 이제야 말이다. 부모님에게는 시간이 많지 않다. 지금 잘 살고 있는 것! 지금 마음 편하게 해드리는 것이 효도이다.

가족을 갑자기 잃은 가족들은 하루하루 생을 이어가기가 힘들 듯하다. 하물며 제 속 아파서 낳은 자식이 그렇게 된다는 건 상상할 수도 없는 일일 것이다. 우리의 몸은 머리털 하나부터 발끝까지 부모에게서 물려받은 것이다. 내 몸이라 하여 내 마음대로 훼손해서는 절대로 안 된다는 의미이다. 다시는 이런 무모한 행동을 되풀이하는 자식들이 없기를 희망해 본다.

천하의 모든 물건 중에는 내 몸보다 더 소중한 것이 없다.
그런데 이 몸은 부모가 주신 것이다.

—율곡 이이—

소 잃고 외양간 고치기 전에

"왜 아무도 전화를 받지 않는 거야 어우 답답해."

오후 1시가 조금 넘은 시간이었다. 투덜대며 전화를 받는 여직원의 목소리가 들려왔다. 무슨 일인가 싶어 얘기를 들어보니 앞집 세대 문이 아침부터 활짝 열려져 있는 상태로 사람의 인기척도 없고 누군가 들락거리지도 않는 것 같다는 세대민원이 있었다는 것이다.

신고를 받은 직원도 세대를 방문해서 도난에 대한 오해 때문에 차마 세대로 들어가지는 못했다고 한다. 밖에서 아무리 불러도 전혀 반응이 없단다. 어쩔 수 없이 그 상태로 두고 되돌아와서는 세대 주민에게 전화를 걸었지만 가족 중 누구도 전화를 받지 않았단다.

순간 머리카락이 쭈뼛 솟았다. 섬뜩한 기분과 함께 온몸에 소름이 쫙 돋았다. 그대로 둘 수는 없는 일이었다. 직원과 함께 해당 세대로 향했다. 정말 세대문은 120도로 활짝 열려져 있었다. 집 안에서는 아무런 소리도 들리지 않았다. 조심스럽게 중문을 옆으로 밀고 들어가며 "관리사무소에서 왔는데요!! 아무도 안 계세요?" 하고 말했으나 역시나 조용했다.

심장이 쿵쾅거렸지만 일단 세대 방과 거실을 하나씩 확인해야 했다. 때론 집 안에서 스스로 삶을 포기하거나 다른 안 좋은 일들이 일어나는 경우들도 종종 있기에 두려움이 먼저 나를 지배했다. 도저히 앞장을 설 수가 없었다. 조금 비겁한 생각이 들었지만 차마 전면에 나서지 못하고 직원에게 먼저 각 방을 하나씩 열어보고 이상이 없음을 확인시키고 나서야 하나씩 기웃하면서 안방, 작은방, 거실, 앞·뒤 발코니를 조심스럽게 확인했다.

'휴~~' 다행히 집안에서는 다른 사고가 있어 보이지는 않았다. 아무도 없는 집에 별일이 없다는 걸 확인하고서야 안심이 되었다. 처음 느낀 두려움이 사실이 아니라 다행스러웠다. 문이 몇 시간씩 열려 있었음에도 별다른 도난의 흔적도 없는 것 같았다. 세대문은 번호 키로 되어 있어 가만히 문을 닫고 잠기는 것을 확인하고는 엘리

베이터를 타고 내려왔다.

　다양한 일들이 많이 있지만 이렇게 대놓고 현관문을 활짝 열어두고 가족 모두가 외출한 경우는 극히 드문 경우다. 근무하면서 번호 키인 문들이 잘 잠기지 않아 살짝 걸려있거나 한 경우들은 본 적이 있다. 내 집도 가끔은 그런 일들이 있으니 말이다. 그런데 이번처럼 현관문을 활짝 열어 둔 채로 외출한 세대는 처음이었다. 그럼에도 불구하고 다른 도난사고가 일어나지 않은 것은 참 다행이다.

　세대 주민에게는 전화기에 찍힌 관리사무소의 전화번호를 보고 오후 4시가 넘어서야 연락이 왔다. 그런 일이 있었으니 귀가해서 혹시 도난 물건이 없는지에 대해서 확인을 해보라 했다. 주민은 고맙다는 말과 함께 아들 녀석이 그런 거 같다며 이런 일이 없도록 주의를 시키겠다고 했다.

　우리말에 이런 속담이 있다.

　"소 잃고 외양간 고친다."

　이 세대의 경우에는 별일이 없어서 다행이지만 도둑이라도 들었다면 어쩔 뻔했는가! 그야말로 '어서 옵쇼~~' 아닌가.

　문도 활짝 열려 있어서 어렵게 문을 열고 들어갈 필요도 없으니 집안의 귀중품을 싹쓸이하기에는 더없이 좋은 조건이었다. 단지 이 세대가 운이 좋았다고 생각한다. 누구도 장담할 수 없는 일이다. 나도 아이를 셋을 낳고 보니 가스레인지 불을 껐는지 안 껐는지에 대해서 기억이 가물가물한 경우들이 종종 있다. 민심이 흉흉한 시대에 살고 있는 우리들이다. 이런 일이 발생하지 않도록 닫힌 문도 다시 한 번 확인하는 습관을 길러야 한다.

> 자나 깨나 문 조심! 닫힌 문도 확인하는 습관을 기르자.

135

아파트 꼬마들과 친구가 되어라

"여기서 뭐해?"

"학원 버스 기다려요."

"학원 버스가 몇 시에 오는데?"

"이제 올 거예요."

"일찍 나와서 기다리는구나?"

"아니에요. 올 시간에 나와서 기다리는 거예요."

점심식사 이후 명절을 앞두고 전지작업이 한창인 직원들을 보기
위해 사무실에서 나가는 길이었다. 귀에 이어폰을 끼고 사무실 옆
의자에 앉아 있는 꼬마 남자아이가 보여서 이런 저런 말들을 걸어보

았다. 이 아이 나를 경계하는 눈빛이 역력했다. 거기다 당돌하기까지 했다.

"그런데 누구세요?
"응, 나? 아파트 관리사무소장님이야. 왜?"
"아니. 이상해서요."
"뭐가 이상한데, 왜? 여자라서? 좀 젊은 거 같아서?"
"아니요. 유괴범 같아요."

속으로 생각은 내가 어딜 봐서 유괴범 같다는 것인지 웃음이 났지만 계속 말을 걸었다.

"아니야, 정말 아파트 관리사무소장님 맞아."
"몇 동 몇 호 사니?"
"OOO동 OOO호요."

그러는 사이 앞 동에서 나오는 주민이 나를 보고 인사를 했다. "안녕하세요?", "네, 안녕하세요." 같이 인사를 하는 걸 보고 하는 말은 이랬다.

"어, 진짜인가 보네."

"진짜야. 너 관리사무소에 택배 찾으러 와봤지? 거기에 있어."

"택배 찾으러 여러 번 갔는데 한 번도 못 봤는데요."

"칸막이 되어 있어서 안쪽은 가려져 있지? 그 안에 있어서 못 봤을 거야."

"아, 그렇구나."라고 하며 꼬마는 고개를 끄덕였다.

계속 질문을 해봤다.

"공부는 잘하니?"

"네."

대답을 들으며 잠깐 미안한 생각이 들었다. 다른 사람들과 다르지 않게 나도 아이의 됨됨이를 공부에 기준을 두는 건가라는 생각에 다시 질문을 했다.

"공부가 중요한 건 아니야. 좋아하는 것을 해야 하지. 좋아하고 잘하는 게 뭐야?"

"바이올린요."

"오호~ 멋지다. 그래, 언제 한번 들어보면 좋겠다. 그런데 몇 학년이야?"

"2학년요."

"그렇구나. 바이올린은 얼마나 했어?"

"6개월 했어요."

아직까지도 이 아이는 나를 유괴범이 아닐까 의심하는 듯했다. 그러는 사이 또 한 분의 주민이 지나갔다.

"안녕하세요, 소장님."

"네, 안녕하세요."

같이 인사를 하는 걸 보더니 "어, 진짜 맞네." 하면서 경계를 푼다는 것이 느껴졌다.

"정말 한번 들어보고 싶다."

"나중에 한번 우리 집에 오실 거 아니에요? 그때 들려 드릴게요."

"글쎄. 내가 특별한 일 아니면 집에 갈 일이 없을 것 같은데 네가 바이올린을 들고 사무실로 오면 어떨까?"

꼬마는 달리 대답 없이 쑥스러운 미소를 지어 보이더니 꽂고 있던 이어폰을 빼내어 내 귀에 꽂아 주었다.

"좀 있으면 전국대회 콩쿠르에 나갈 거예요."

꼬마는 클래식 음악을 들려주었다. 이 무식함이라니. 솔직히 무슨 곡인지 알 수가 없었다.

"이 곡으로 콩쿠르에 나가는 거야?"
"아니요. 모차르트나 베토벤 노래로 나갈 거예요."
"어, 그래. 기대된다."

말을 하는 도중 꼬마가 타야 할 학원 버스가 왔다. 꼬마는 버스를 타고 사라졌고, 직원들에게 터벅터벅 걸어가며 생각했다. 어쩌다 우리 사회가 나의 순수함마저 의심하게 만들었을까! 그러면서도 꼬마에게 모르는 사람이 말을 걸어오면 절대 의심을 풀지 말라는 말을 꼭 해주고 싶었다.

아파트 단지 내에 살고 있는 꼬마들에게 관심을 많이 가져야겠다. 아이를 낳아 키우기 전에는 이런 생각을 해 본 적도 없었다. 내 아이를 낳아 키우다 보니 이제야 아이들이 얼마나 소중한 존재이고 사랑스러운지에 대해 느끼고 변화하게 된 것이다. 아파트 관리사무소 직원들이 아이들과 친분이 쌓이다 보면 혹시나 아이가 집을 찾지 못할 때나 다른 사건이 발생했을 때 관리사무소를 찾아 도움을 요청하고 관리사무소 직원들이 도움을 주기가 훨씬 수월해지지 않을까라는 생각을 하게 되었다.

아이들에게 관심을 보이기 시작하면서부터 아파트에서 아이들을 만나면 장난을 걸고 말을 걸었다. 그러면서부터 나를 알아보고는 "관리소장님이시다. 안녕하세요." 하는 아이들이 많아졌다. 아이들이 관리사무소 직원들을 알고 지낼 수 있도록 부모님들도 노력해준다면 유사시 다른 누구보다도 더 든든한 보호자가 되어줄 수도 있다.

> 친구를 얻는 최상의 방법은 먼저 상대방의 친구가 되어 주는 것이다.
> —데일 카네기—

이것 역시 곧 지나가리라

0시 51분, 20대 초반으로 보이는 긴 머리에 검정티셔츠, 하얀색 반바지에 슬리퍼를 신은 여성이 오른손으로는 전화를 하며 왼팔 겨드랑이 사이엔 소주병을 끼고 엘리베이터를 타고 올라가는 모습이 보인다. 다음 날 새벽 시간 옥상에는 나란히 벗어놓은 슬리퍼와 다 마시고 비워진 소주병 하나가 있다. 얼마나 많은 고민을 했는지에 대한 흔적을 남겨주듯 열댓 개의 담배꽁초들도 널브러져 있다.

연락을 받은 시간은 새벽 4시 56분이었다. 눈을 반쯤 뜨고 번호를 확인했다. 관리사무소다. 언제 무슨 일이 일어날지 몰라서 전화기는 언제나 내 손이 닿을 수 있는 위치에 놓인 상태로 진동과 소리를 함께 울릴 수 있도록 준비되어 있다. 새벽에 이렇게 오는 전화는 분명 일이 터졌다는 증거다. 다만 감당할 수 있는 일이었으면 좋겠다는 간절함이 있다고나 할까!!! 반갑지 않은 소식에 잠은 저 멀리 달아나 버렸고 아침까지 침대에서 이런저런 생각에 뒤척이며 아침을 맞이했다.

통상 이런 일로 출근을 일찍 하지는 않는다. 그럴 필요가 없기 때문이다. 상황이 종료되기 전이라면 어떻게든 노력해보겠지만 이미 종료된 상황에서는 할 일이 없다. 일어난 사고에 대해서는 경찰에 연락을 하고 나머지는 경찰에서 알아서 한다. 다만 최초 신고자는 경찰서에 방문해서 진술을 하고 감시카메라를 확인하여 주는 정도에서 관리사무소에서 하는 일은 마무리가 된다. 그러나 마음은 며칠 동안 무겁다. 무슨 사연이 있어 스스로 삶을 놓아버렸을까 하는 생각부터 무슨 일인지 되물어 오는 주민들까지 쉽사리 잊히지 않는다.

당시 나는 셋째 임신 8개월이었다. 좋은 것만 보고 좋은 음식만 먹고 좋은 소식만 들어도 부족한 시기인데 또 이런 일이 발생했다. 내의지와는 상관없이 내 업무 처리 능력과는 상관없이 가끔씩 마주쳐야 하는 상황들이 참 부담스럽다. 분명 내가 어찌할 수 없는 일이지만 말이다.

소방법상 옥상 문을 개방을 해 두어야 하는 것이 원칙이기에 개방을 해 두었다. 옥상 문을 잠가두었다면 이런 일이 발생하지 않았을까? 옥상 문이 잠겨 있었다면 되돌아 내려오는 길에 다른 방법을 찾았을까! 그 시간 한 번 더 고민하고 다른 선택을 하지는 않았을까! 하는 생각이 들 때면 마음 한 구석이 답답하고 무겁기도 하다. 다시는 같은 일들이 반복되지 않기를 바랄뿐이다. 얼마나 소중한 삶인데. 그 용기면 이루지 못할 일이 없을 텐데. 스스로 삶을 포기하려하는 누군가에게 말해주고 싶다.

유대경전 주석서인『미드라시midrash』에 이런 이야기가 있다고 한다.

다윗 왕은 전쟁에서 승리를 거두고 돌아와 잔치를 벌이던 중 자칫 자신이 자만심에 빠져 약해질 수도 있겠다는 생각에서 궁중의 한 보석 세공인에게 명을 내렸다고 한다.

"나를 위한 아름다운 반지를 만들라! 반지에는 내가 큰 승리를 거두어 기쁨을 억제치 못하고 교만할 때 그것을 조절할 수 있는 글귀와, 또한 내가 큰 절망에 빠지고 시련에 처했을 때 용기도 함께 줄 수 있는 글귀를 넣도록 하여라."

보석 세공인은 명령대로 매우 멋지고 아름다운 반지를 하나 만들었으나 적당한 글귀를 찾지 못하고 고민하던 어느 날 도움을 구하기 위해 다윗의 아들 솔로몬 왕자를 찾아갔다고 한다.

"솔로몬이시여, 왕의 황홀한 기쁨을 절제해주고 동시에 그가 절망에 빠졌을 때 북돋워 드리기 위해서는 도대체 어떤 글귀를 적으면 좋겠나이까?"

지혜의 왕 솔로몬이 대답했단다.

"이것 역시 곧 지나가리라!Soon it shall also come to pass. 이 말을 써 넣으시오. 왕이 승리의 순간에 이것을 보면 곧 자만심이 가라앉게 될 것이고, 그가 절망에 빠졌을 때 보게 되면 이내 용기를 얻을 것이오."

'이것 역시 곧 지나가리라.' 삶과 죽음의 선택은 순간이다. 그 경계에서 이 말을 되새겨 보면 분명 다른 선택을 하게 될 것이라고 말해주고 싶다. 거기에 살아남은 자들에 대한 고통에 대해서 한 번쯤 더 고민해본다면 분명 다른 선택을 하게 될 것이다. 지난 일은 곧 잊혀진다. 모든 건 시간이 해결해 준다. 지금은 죽을 것처럼 힘들어도 그것 역시 지나가는 삶의 과정이다. 시련에 빠지고 절망한 지친 사람

들에게 말해주고 싶다. 버티고 이겨내어 자신의 삶을 멋지게 살아내

보라고.

슬픔을 잊게 하는 힘은 시간 안에 있다.

약속을 지켜준 믿음

"오늘은 소장님 카톡 대문 글이 제 맘에 완전 와 닿네요… 인생은 정말 내 마음대로 안 되는 것 같아요…."

한 곳에서 오래 근무를 하다 보니 내 휴대폰 전화번호는 의도하지 않았지만 입주민들에게 많이 노출되어 있다. 그 중에는 내 카카오톡 사진이나 대화명을 보고 '어디 다녀왔네?', '애기가 참 예쁘네.' 등 여러 가지 관심과 반응을 보여주는 주민들도 있다. 어느 날 김성희 작가님의 책『인생은 뜻대로 되지 않습니다만 life is wonderful!』을 대화명으로 올렸다. 그것을 본 주민 한 분이 남긴 카톡 메시지이다. 이 주민과의 인연은 10년 전쯤부터 시작되었다.

중산층 이상의 입주민이 살고 있는 우리 아파트에는 관리비를 정해진 날짜까지 내지 못하는 세대가 많지 않다. 한두 달 정도 통장에 잔고가 있는지 없는지 몰라서 납부하지 못하거나 깜빡 잊고 밀리는 경우는 종종 있지만 경제적으로 생활이 어려워 관리비를 장기간 연체하는 세대는 얼마 되지 않는다.

일반적으로 관리비가 연체되면 3개월 미만일 경우에는 독촉장을 발송하고 기다리지만 3개월 이상 연체가 지속되는 세대는 특별관리대상에 포함된다. 특별관리대상이 뭐 거창한 것은 아니다. 연체 상황을 지켜보면서 단전을 하거나 또는 내용증명을 발송해서 최악의 경우 소액재판을 진행하기 위한 준비 정도이다.

그러니까 이 세대 관리비가 연체되기 시작한 시점이 10년 전쯤이다. 10년 전부터 특별관리대상이었다. 처음 3개월이던 연체는 4개월, 5개월 늘어났고 연락을 하면 조금만 기다려주면 얼마라도 납부를 하겠다는 약속을 받아오며 10년을 버텨왔다. 그랬던 세대가 몇 년 전부터는 점점 더 연체 개월 수가 늘어났다. 경제적 상황이 더 악화되는 모양이었다. 그 상황에서 내 카톡 대화명을 보더니 문득 대화를 걸어온 것이다.

가끔 두려웠던 것은 이 주민이 인생의 끈을 놓으려 한다는 생각이 들어서였다. 걱정하실 엄마를 생각해서 연체 관련 독촉장이나 내용증명을 집으로 발송하지 말아달라고 할 정도로 효녀였지만 삶의 짐이 무거운지 관리비 납부를 독촉하면 종종 그런 말을 했다. '내일 아침 눈이 안 떠졌으면 좋겠어요.' 이 말 때문이기도 했고 안쓰럽기도 했다. 관리비가 연체되어도 최대한 기다렸다. 그럴 수밖에 없었다. 나중에 연체관리비가 해결되지 않아 문제가 되면 다 내가 책임져야겠지만 사람 목숨보다 중요한 것은 없으니까 말이다.

관리비를 한두 달 대신 납부해 주어서 해결될 일이라면 그렇게라도 해주고 싶었다. 그러나 그렇게 해결될 일이 아니었다. 따뜻한 위로의 말을 보내고 엄마가 놀라시지 않도록 그저 독촉장을 카카오톡 메시지로 보내주는 것 외에는 도와줄 수 있는 일이 없었다.

이날은 문득 용기를 줄 수 있는 책을 권하고 싶었다. 문득 떠오른 책은『시크릿』이었다. 책을 사서 보라고 했다가 아니다 싶었다. 당장 관리비 납부도 힘든 사람한테 괜한 소리였다. 선물해주겠다고 하고는 인터넷 서점에 주문을 해서 집으로 발송해 주었다. 끌어당김의 법칙이 있다고 꼭 읽어보고 '된다, 된다'고 주문을 외워보라고 했다. 정말 시크릿의 법칙이 그 친구에게 통했으면 하는 간절함이었다. 책을 읽고 시크릿의 법칙이 자신에게 통했으면 좋겠다며 여러 번 고맙다는 말을 했다. 꼭 시크릿의 법칙이 통했으면 하고 간절히 바랐다.

그러나 얼마 전 이 세대가 경매에 들어간다는 이야기가 들려왔다. 그렇게 되기 몇 개월 전부터는 경제적으로 더 힘들어졌다는 것을 확연히 느낄 수 있을 정도였다. 납부 독촉을 하면 겨우 5만 원 정도를 입금했다. 한 달에 전기료 포함 15만 원이 넘는 금액을 사용하는 세대에서 5만 원의 입금은 턱없이 모자랐다. 연체된 금액은 몇 개월 지나지 않아 금세 100만 원을 훌쩍 넘기고 말았다. 경매에 들어간다는 것을 알게 된 이후로 불안해졌다. 관리비를 해결하지 못하는 것은 아닐까 싶은 생각에서였다. 자주 연락을 했고 만났다. 상황이 어떤지에 대해서 확인도 해야 했다.

지금까지 배려해주고 기다려준 것이 고맙다며 어떤 일이 있어도 관리비만큼은 꼭 해결하겠다는 약속을 여러 번 했다. 그런 상황에서 1차 경매가 유찰되고 2차 경매에 들어가기 전 약속을 지켜주었다.

관리비 연체로 인해서 난처한 경우들도 종종 발생하기도 한다. 이처럼 가슴으로 이해되어 서로 믿고 기다려줄 수 있는 세대가 있는가 하면 전혀 다른 경우들도 종종 있다. 관리비 연체로 인해 단전까지 해야 하는 경우도 있고, 그럴 경우 협박을 하거나 욕설을 하는 세대들도 있다. 가족 구성원 간에도 서로 미루며 납부하지 않아 결국엔 가정불화의 원인이 되는 경우들도 있다. 그러나 이 세대는 약속을 지켜주었고 믿고 기다려준 것에 고마워했다.

　세대는 이사를 가지 않았다. 친척분의 도움으로 다행히 경매로 넘어간 집을 되살 수 있었다고 했다. 참 다행스러운 일이다. 그 뒤로 만난 얼굴은 그 어느 때보다 밝고 환했다. 효심이 통했을까! 최악의 상황까지 가는 듯 했으나 원만하게 문제가 해결된 것이다.

　이 주민에게 앞으로 관리비 연체는 하지 말자고 했다. 연체를 한 달 두 달 하다 보면 금액이 늘어나고 금액이 커지다 보면 부담이 되니 매달 힘들더라도 해결해 나가자고 말이다. 자신의 상황을 모면하기 위해 한 약속일 뿐이라며 지키지 않을 수도 있었을 것이다. 그러나 가장 먼저 관리비 연체금부터 정리를 해준 것을 알고 있다. 믿어주고 기다려주었던 내게 약속을 지켜주어서 고맙다는 말을 전하고 싶다.

> 누군가를 신뢰하면 그들도 너를 진심으로 대할 것이다.
> 누군가를 훌륭한 사람으로 대하면,
> 그들도 너에게 훌륭한 모습을 보여줄 것이다.
> ─랄프 왈도 에머슨─

나눔을 알게 해준 보물들

"이한규 후원자님이시죠? 그동안 후원해 주신 것에 감사드리며 한 가지 부탁이 있어 전화 드렸습니다. 에이즈에 걸린 아이들을 위해 매달 1만 원의 후원을 추가로 부탁드립니다."

2014년 1월 초, 유니세프로부터 한 통의 전화가 걸려왔다. 매달 하고 있는 후원금 외에 에이즈에 걸린 어린아이를 위해 매달 10,000원의 후원을 해줄 수 있겠느냐는 전화였다.

어려서부터 삶이 여유롭지 않았다. 그래서였을까! 후원이나 기부, 나눔이라는 단어는 나와 친숙하지도 않았고 관심조차 없는 단어들이었다. 감히 그런 생각을 해본 적도 없었다. 그저 어쩌다 텔레비전 프로그램에서 아프고 힘든 아이들을 보며 안타까운 마음에 겨우 전화 한 통화에 1,000원 또는 2,000원을 ARS로 기부하는 것이 고작이었다. 아프리카 난민 아이들이 나오는 프로그램에서 이 아이들에게 한 달 몇만 원이면 식사나 치료비를 지원할 수 있다는 얘기 또한 남의 얘기일 뿐이었다. 금전적 여유도 없었고 그보다는 마음의 여유가 없었다.

그러던 나에게 아이가 태어나고 작은 변화가 일어나기 시작했다. 결혼을 하고 첫 아이를 출산한 지 한 달 즈음 되던 2012년 12월 어느 날 텔레비전 방송에서 가수 션과 탤런트 정혜영 부부가 출연하는 프로그램을 우연히 보게 되었다. 이 부부는 나눔을 생활화하고 있었다. 내게는 마음 아파할지언정 돈이 아까워 함께하지 못하는 것이 나눔이었다. 이런 내게 이 부부의 이야기는 충격이었다. 물론 나와는 경제적으로 비교도 할 수 없을 만큼 차이가 나긴 하겠지만 말이다.

방송에 나오는 난민 아이들을 보며 눈물을 흘려보긴 처음이었다. 조금만 배가 고파도 금방이라도 쓰러질 듯 울어대는 내 아이를 보면서 그 아이들이 배고픔을 이겨냈을 시간이 마음 아파 한참을 울었다. 부모가 되어 보기 전 미처 몰랐던 사실을 알게 되어서일까! 나눔이나 기부라는 단어에 마음이 움직이기 시작했다. 부끄러웠다. 많이 있다고 해서 할 수 있는 것이 기부가 아닐 텐데 왜 미처 몰랐나 하는

생각도 들었다. 방송 시청 이후 션과 정혜영 부부를 따라갈 수는 없어도 흉내라도 내보고 싶었다. 아이가 없었다면 절대로 몰랐을 부모 마음이었다.

산후조리 중이라 외출이 쉽지 않았다. 마음속으로만 무겁게 가지고 있던 생각을 한 달 뒤 실천으로 옮겼다. 실천에 옮기기까지도 작은 고민을 했다. 한 번 후원을 시작하면 아이가 성인이 될 때까지 꾸준히 해주고 싶었다. 그래서 아이가 세상을 살면서 작지만 나눔이라는 단어에 동참하고 있다는 것을 깨우쳐 주고 싶다는 작은 욕심이었다.

그렇게 하기 위해선 많은 금액을 후원할 자신이 없었다. 일단 매달 10,000원을 후원하기로 했다. 그리곤 해마다 매달 1,000원씩만 인상하기로 했다. 그러면 아이가 10살이 되면 후원금은 매달 20,000원이 될 테고 20살이 되면 30,000원이 될 것이었다. 성인이 된 이후에는 결정을 할 아이의 몫이다.

이 정도면 아이 하나를 키우면서 지속적으로 후원한다고 하더라도 경제적으로 부담이 되지 않을 것이라는 생각에서 나름의 원칙을 세웠다. 그리고는 은행에 가서 아이 이름으로 후원통장을 하나 개설을 하고 유니세프에 매달 말일에 정기적으로 월 10,000원의 자동이체를 신청했다. 2013년 1월 22일은 우리 아이가 지구 반대편의 다른 나라 아이들을 위해 첫 번째 후원을 시작한 날이다.

이후 6개월이 채 지나기 전 전북혈액원에 다니는 리더스클럽 이은정 선생님을 통해 적십자사에도 매월 소액이지만 일정액을 후원하기 시작했다. 그리고 유니세프 후원을 시작하고 1년 후인 2014년 1월부터는 처음 계획대로 월 1,000원의 후원금을 인상했다.

2014년 7월 1일과 2016년 2월 19일 둘째와 셋째 아이의 이름으로도 유니세프 후원통장을 개설했고 유니세프와 함께 적십자사 후원도 시작했다. 그런데 첫아이의 후원을 하면서 약속한 매년 월 1,000원의 후원금액 인상은 더 이상 지키지 못했다. 둘째가 태어나고 거기에 셋째가 태어났다. 아이가 많아지다 보니 솔직히 부담이 되었다. 어떤 이들은 겨우 그 정도 금액으로라고 말하는 사람들이 있을지 모르겠다. 그러나 아이 셋을 키우는 나에겐 부담이 되는 것이 현실이다.

유니세프 직원의 전화에 정중히 거절 의사를 밝혔다. 둘째가 곧 태어날 예정이었다. 무리하게 금액을 늘려 부담이 되면 언젠가 중단할 게 뻔했다. 소액이지만 둘째도 동참하게 해주고 싶었다. 후원을 계속하기 위함이니 이해해 달라고 했다.

이런 생각을 했다. 아이들 앞으로 각자 후원을 시작하면서 내가 아이를 하나를 더 낳는다는 것은 세상 반대편 어딘가에 있는 다른 아

이한규, 이주연, 이채민 나의 보물들

이 하나에게 조금이라도 도움을 줄 수 있는 것이니 참 자랑스러운 일이라고 말이다. 그래서 우리 아이들은 축복받은 아이들이라고.

아이들에게 부모로서 해 줄 수 있는 것에 한계를 느낀다. 더욱이 금전적으로 여유롭지 않은 현실과 늦은 나이의 결혼은 나의 경제활동 연령까지 늦춰야 한다는 압박감도 주고 있다. 유니세프와 적십자사에 후원하는 후원금도 10년을 모으고 20년을 모으면 아이의 경제생활에 작지만 도움이 될 수도 있다. 그러나 아이의 삶에 긍정적 영향을 미쳐 더 넓고 따뜻한 마음으로 사람들과 더불어 살아갈 수 있는 성인으로 성장하길 바라는 마음에서 시작한 것이다. 나밖에 모르고 나 힘든 것만 알았던 내게 아이들은 나눔을 알게 해준 소중한 보물이다.

> 단체에 얼마를 기부하느냐는 중요하지 않다.
> 누군가와 나누고자 한다면 어떤 선물이든
> 그 금액이 얼마인가를 따질 필요가 없다.
>
> —R. 블레어 쉬레이어 —

아파트 관리소장은 24시간 비상대기

"소장님 15분 전쯤 정전이 되었는데요. 한전 라인은 이상이 없고 ACB전 세대로 전기를 공급해주는 자동차단기가 작동을 했는데요. ACB가 올라가지를 않아 전기 공급을 할 수가 없습니다."

내일 아침 8시 30분 제왕절개 수술로 셋째 아이를 낳기로 예약이 되어 있었다. 정확히 12시간이 남아있던 시간이었다. 병원에 입원을 하기 위해 가방을 정리하면서 여러 가지 두려움과 불안함이 밀려왔고 그중에는 아마도 업무적인 부분도 포함이 되어 있었을 것이다. 아니나 다를까 핸드폰이 울리는 소리가 들리더니 찍힌 번호는 사무실 번호였다. 불안한 마음에 받은 전화는 역시나 기대를 저버리지 않았다. 급하게 겉옷을 걸쳐 입고 남편과 함께 아파트로 향했다.

아파트에 도착하니 20명가량의 주민들이 1층 관리동 입구에 서서 웅성거리고 있었다. 2층 관리사무소로 올라오니 또 10명···. 급하게 전기실로 향하니 거기에도 10명가량의 화난 주민들과 문제를 해결하기 위해서 갑자기 불려 나온 과장과 당직 직원이 있었다. 먼저 어떠한 상황인지에 대해 물으니 단전이 된 상태에서 과장이 매뉴얼대로 전기를 투입했는데도 복구를 시킬 수 없다는 것이다. 당황한 과장은 상기된 상태로 어쩔 줄 몰라 하며 여기저기 전화를 하고 있었고 언제 연락을 받았는지 한전 사고 처리반까지 뒤늦게 도착을 했다.

문제를 가장 빨리 해결하는 방법을 찾아야 했다. 그 자리에서 문제를 해결할 수 있는 사람이 없었다. 전기안전 관리업을 하시는 전안균 교수님이 생각이 났다. 전기과를 졸업하고 공부해서 자격증을 취득하긴 했지만 정확하게 22,900V의 수배전반을 구경만 했지 차단기한 번 직접 작동시켜본 적도 없는 나였다. 교수님과 직접 통화를 한다 해도 할 수 있는 건 아무것도 없었다. 이런 경우에는 할 수 있는 사람을 찾아야 했다.

그 순간에는 전기관련 기술을 보유한 남편이 함께하고 있었다. 그와 교수님을 연결해 주었다. 경험이 많은 남편이 통화를 하며 몇 개

의 스위치를 올렸다 내렸다 하고 나니 전기가 바로 투입되었다. 아파트에 도착하고 채 5분이 되지 않아 각 세대로 전기를 다시 공급할 수 있었다.

문제의 해결은 그것으로 끝난 것이 아니다. 화가 난 주민들은 내 상황에 관심이 있을 여유가 없었다. 관리사무소장이 배가 남산만 한 것이 보일 리 없었고 내일 출산을 위한 수술 예정이라는 것은 더욱 알지 못했다. 화가 난 주민들은 관리사무소에 가서 얘기를 하자 했다. 한참 동안 이어진 주민들의 항의에 거듭 사과를 해야 했다.

갑자기 일어나는 사건에 대해서 솔직히 누구의 잘못이라고도 할 수는 없다. 우리는 매뉴얼대로 관리를 하고 가급적 문제가 발생되지 않게 하려 하지만 우리의 뜻과는 상관없이 문제는 언제나 예고 없이 일어난다. 때문에 문제가 발생되고 난 이후라면 할 수 있는 것이라고는 사과와 앞으로는 같은 일이 반복되지 않도록 하는 것이다.

화가 난 주민들은 원인을 파악해서 공지를 하고 다시는 같은 일이 반복되지 않도록 하겠다는 약속을 듣고서야 모두 세대로 돌아갔다. 직원들에게 정전상황에 대한 좀 더 자세한 내용을 전해 듣고 모든 일을 마무리한 후 집에 돌아온 시간은 밤 11시가 다 되어서였다.

집에 돌아와서야 알았다. 겉옷을 뒤집어 입고 나갔다는 것을. 얼마나 정신없이 나갔으면 옷도 뒤집어 입고 나갔나 하는 생각에 서럽기도 했다. 몸이 힘들었다. 그러나 화가 나서 내 상황이 보일 리 없는 주민들의 여러 말들에서 상처를 받은 마음은 쉽게 진정되지 않았다. 수술하고 누워있는 당일에 이런 일이 발생하지 않은 것에 대해 감사할 뿐이었다. 그렇게 스스로를 위로하고 내일을 불안해하느라 한잠도 자지 못하고 뜬눈으로 날을 지새우다 새벽 5시에 병원으로 향했다.

다음 날인 2015년 7월 31일 오전 8시 49분, 제왕절개 수술로 셋째 아이를 출산했다. 임신기간 내내 여러 가지 일들로 인해 스트레스가 많았다. 그런 몸으로 편히 쉬어야 하는 수술 전날까지도 마음 편하게 시간을 보낼 수가 없었으니, 그런 모든 상황들이 아이에게도 힘이 들어서였을까! 아이는 태어나자마자 대학병원의 신생아 집중치료실로 이송되었다. 그 이후 12일 동안 생사를 넘나들고 나서야 무사히 엄마의 품에 안길 수 있었다.

관리사무소장은 출근시간도 퇴근시간도 없다. 휴대전화는 언제나 머리맡에 24시간 대기시켜두고 전화벨이 울리면 새벽이고 밤중이고 시간에 관계없이 상황이 어떠하든 달려 나간다. 주민들에게는 당연한 일이겠지만 관리사무소장들은 한시도 마음이 편하지 않다.

언제 무슨 일이 발생할지 모른다는 것은 극심한 스트레스로 다가오기도 한다.

'주민들이 조금만 더 여유로운 마음으로 관리사무소 직원들을 배려해 주면 어떨까!'라는 생각을 한다. 갑자기 일어나는 어떠한 불편한 상황에 화도 날 수 있고 당황스럽기도 할 것이다. 일어나지 않으면 좋겠지만 어차피 일어난 일이라면 빨리 해결을 할 수 있도록 응원하며 믿어주고 기다려주는 마음 말이다. 나 아닌 누구라도 아파트에서 근무하는 관리사무소장은 처한 상황이 어떠하더라도 24시간 대기상태에 있을 것이다. 몇백 세대 몇천 명의 안전을 책임져야 하는 입장에서 그것은 당연한 일일 테니.

4장

존중

당신에게 배우는 삶의 지혜

지금의 나를 있게 해주신 조성래 회장님

"소장님!"

"네… 이 시간에 어쩐 일이세요? 회장님."

"대한주택관리 영업담당 상무님을 만났어요. 아파트에서 원하면 소장을 교체해 주겠다고 하네요."

17년 전 흥건삼천 2차 아파트에 입사를 하고 채 4월이 지나지 않아 입주자대표회의가 구성되었다. 입사 6개월쯤 되던 어느 늦은 저녁 시간 초대 조성래 입주자 대표 회장님으로부터 받게 된 전화였다.

공동주택관리법에는 일정 규모 이상의 아파트에서는 주택관리사보나 주택관리사를 두라고 되어 있다. 500세대가 넘는 아파트는 주택관리사보 취득 후 직원으로 5년 이상의 경력이 있거나 관리사무소장으로 3년 이상의 경력이 있을 경우 인정해주는 주택관리사가 필요하다.

우리 아파트는 단지 규모에 따라 주택관리사가 필요했다. 또 효율적인 관리를 위해서는 최소 9명 이상의 인원이 필요했다. 그러나 분양률이 30%도 되지 않은 상태에서 관리비용에 대한 부담감이 컸던 사업 주체는 경리직원과 관리기사 1명을 제외한 7명만을 초기 투입했다. 이 조건은 분양률이 50%를 넘을 때까지라는 단서조항이었다. 그 시점이 언제가 될지도 모르는 상황에서 주택관리사 자격증을 가지고 있으면서 전반적인 업무를 알고 경리업무까지 겸할 수 있는, 모든 조건을 충족할 수 있는 나는 어쩔 수 없는 위탁관리회사의 선택이었을 것이다.

나 또한 근무조건이 열악했지만 호불호를 가려서 선택할 수 있는 상황은 아니었다. 그때만 해도 대다수의 관리사무소장들은 50대 전후의 남자소장이 대부분이었다. 여자이고, 나이 또한 28살에, 아직 결혼도 하지 않은 키 작고 남들보다 더 어려보이기까지 하는(?) 나

는, 자격증만으로 관리사무소장으로 취직하기는 쉽지 않았다. 1년이 넘게 자리를 구하지 못하고 있던 상황에서 홍건은 내게도 행운으로 다가왔다.

입주 초기 그렇게 시작된 관리사무소장으로서의 생활은 처음 한달 반 동안 저녁 시간이고 휴일이고 없었다. 평일엔 당연히 밤 10시까지 근무를 해야 했고 주말에도 입주를 하는 세대로 인해 출근을 해야 했다. 최소 6개월 이상은 불리한 근무조건과 부족한 직원 수로 어렵게 운영을 할 수도 있다는 각오를 하고 있던 내게 행운이 찾아왔다. 입주를 시작하고 정확히 1개월 10일이 지나기 전에 아파트 분양률이 50%를 넘어선 것이다.

한 달 열흘 만에 사무실은 부족한 인원을 모두 충원하고 정상가동되기 시작하면서 자연스럽게 '홍건에서 5년만 버텨보자'는 목표를 가지게 되었다. 당시 아파트 관리사무소장의 평균 근무기간이 2~3년을 넘기기 힘들었던 시기에 5년을 다짐했었다. 그러나 현실은 나의 그런 각오를 인정하려 하지 않았다. 입주율이 50%가 넘고 채 4개월이 지나기 전 입주자대표회의가 구성되고 첫 번째로 위기가 찾아왔다.

그즈음 사무실로 여러 명의 관리소장들이 전화를 해왔다. 대부분 아파트 상황에 대해서 물어보는 내용이었는데 나는 참 둔했다. 전화를 받으면서도 인사문제가 개입되어 있을 것이라고는 눈치를 채지 못했다. 그러던 어느 날, 입주자 대표 회장님께 연락이 왔던 것이다. 본사 상무님의 연락을 받고 나간 자리에서 뜬금없이 나이 어린 여자 소장을 원하지 않으면 연세 지긋한 남자소장으로 교체를 해주겠다고 했다는 것이다. 그 얘기를 듣고 회장님은 이렇게 말씀하셨단다.

"나이는 어리지만 세상물정 모르고 때 묻지 않고 성실하고 순수한 사람인 듯하다. 같이 해보겠다."

듣는 순간 본사에 대한 서운한 마음에 눈물이 났다. 인정받기 위해 열심히 했고 희생했는데 어떻게 이럴 수 있는가 싶었다. 6개월을 저녁도, 주말도 없이 일했는데 돌아온 현실이 야속해서 한참을 울었다. 늦은 시간이었지만 정신을 차리고 당시 강맹환 인사담당 과장님께 전화를 했다. 어찌 그럴 수 있냐고 따지듯 물었고 과장님은 그 일에 대해서 전혀 알지 못하는 듯 알아보고 연락하겠다고 했다.

다음 날 과장님은 점심시간을 이용해 직접 찾아오셨다. 아파트에서 관리사무소장 교체를 요구한 동 대표가 있었단다. 관리사무소장

이 너무 어린 여자소장이라는 것이 단지 이유였다고 했다. 그때만 해도 내 나이는 나의 가장 큰 약점이었다. 이유가 그래서였다니 이해할 수밖에 없었다. 최초 입주자대표회의가 구성된 후 관리방법이 결정되고 나면 재계약을 해야 하는 시기였다. 서운했지만 본사의 입장이 이해가 되었고 직접 찾아와 주신 과장님이 고마웠다.

회사 입장에서는 동 대표의 의견을 무시할 수 없었을 것이다. 때문에 입주자 대표 회장님의 의견도 묻고자 했을 것이다. 직접 찾아와 전후 사정에 대해서 설명해 주며 위로해주시는 과장님 덕분에 오해가 풀렸고 서운했던 마음도 눈 녹듯 녹아내렸다. 그때 생각했다. 더 열심히 하겠다고, 나를 믿고 선택해 주신 회장님께 누가 되지 않도록 하겠다고 말이다.

당시 본사와 동 대표 그리고 회장님 사이에 어떠한 일들이 있었는지에 대해서는 정확히 알지 못한다. 다만 참 어렵게 6개월을 버텨낸 후 17년이라는 세월을 흥건삼천 2차 아파트와 함께하고 있다. 잠깐의 어려운 상황, 상황들이 있긴 했지만 입주 초기 회장님의 그 한마디에 현재의 내가 있을 수 있었다. 자의든 타의든 언제가 되었든 헌신했고 사랑했던 이곳에서 떠나는 날이 올 것이다. 그날이 오면 아마도 밤을 새워가며 눈물을 흘리겠지만 당시 어리고 부족했던 나를 믿어주고 기회를 주셨던 조성래 회장님께 진심으로 감사의 인사를 전한다.

가장 훌륭한 리더는 자신이 바라는 일을 맡길 적임자를 고르는 감각이 있는 사람이다.

-루스벨트-

몰입과 헐렁함을 알게 해주신
문명룡 교수님

고기도 먹어본 사람이 먹는다는 말이 있다. 여가 생활도 즐겨본 사람이 즐길 줄 안다. 즐겨본 적이 없는 사람은 시간을 주고 돈을 주어도 어떻게 놀아야 하는지 알 수 없다. 내가 그랬다. 고등학교를 졸업하면서부터 직장에 다니며 돈을 모았지만 어떻게 써야 잘 쓰는 것인지에 대해서 알지 못했다. 시간이 남아도 돈이 좀 있어도 직장과 학교 그리고 집을 쳇바퀴 돌듯 도는 삶이었고, 거기에 학원 공부 하나가 더해졌을 뿐이었다. 어떻게 살아야 행복하고 잘 사는 삶인지에 대해서 알지도 못하면서 그런 생각만 했던 시절이었다.

그러던 내 인생이 180도 바뀌게 해주신 분이 계셨다. 전주비전대 문명룡 교수님이시다. 교수님은 평일에는 늘 밤늦게까지 연구실에서 연구를 하셨다. 전주대 도서관에서 11시까지 공부를 하다 집에 돌아가는 길에 고개를 돌리면 연구실은 항상 불이 켜져 있었다. 늘 책을 읽고 연구하고 공부하시는 교수님의 모습은 존경스러웠다. 그보다 더 교수님이 멋지셨던 건 공부만 하지 않으셨다는 것이다. 몰입과 여가생활을 적절하게 조절하여 절대로 지치시는 일이 없으셨다.

부자가 되고 싶으면 부자들과 어울리라는 말이 있다. 교수님처럼 공부할 때는 공부하고 놀 때는 노는 여유로움을 배우고 싶었다. 그래서 교수님과 친해지려 노력했다. 교수님은 주말이면 언제나 여행을 가시거나 산에 가셨다. 1학년 1학기를 마치고 이제 좀 친분이 쌓일 2학기 즈음부터 나와 친구들은 교수님을 따라다니기 시작했다. 산도 여행도 졸졸 따라다녔다. 그러면서 여가시간을 어떻게 즐겨야 하는지 조금씩 맛보기 시작했다.

앤서니 라빈스가 쓴 책 『무한능력』을 보면 성공을 하려면 성공한 사람을 모델링하라고 했다. 지금 생각해보니 나도 모르는 사이 교수님을 모델링하고 있었던 것이다. 교수님을 따라 하기 시작했다. 평일에는 밤늦게까지 도서관에서 공부를 하고 주말과 쉬는 날에는 무조건 야외로 나갔다. 여행을 가거나 산에 간 것이다. 그러다 휴가철 며칠의 여유가 있는 때에는 한 번도 다녀본 적 없던 해외여행도 다

2003. 10. 14. 지리산 첫 산행을 시작으로 모델링은 시작되었다.
윗줄 오른쪽 끝에 계시는 분이 문명룡 교수님이시다

니기 시작했다. 아마추어 무선햄도 했다. 교수님이 즐기시고 좋다고
하는 것은 뭐든지 따라 했다.

신기하게도 학과 공부도 자격증 시험도 평일만 집중해서 공부하
는데도 쏙쏙 들어왔다. 몰입은 반드시 필요하다. 그러나 몰입보다
더 중요한 것이 휴식이고 여유라는 사실을 그때서야 알게 되었다.
여가생활을 어떻게 즐기느냐에 따라서 몰입의 효율성도 그만큼 높
아졌다.

어디로든 떠나는 시간에는 더 많은 생각을 할 수 있었다. 온전히

혼자일 수 있는 시간이 침대에 누워 있는 시간만은 아니다. 특히나 산길을 걷거나 올레 길을 걸을 때는 더 집중할 수 있었다. 그 길에서 때로는 풀리지 않는 문제에 대한 해답을 얻어서 오는 날도 있었고, 어떤 날은 산 정상에 모두 비우고 온 적도 있었다. 산길은 대부분 좁고 오를 때는 힘이 든다. 그 길에서 방전되지 않기 위해 말을 아껴야 하는 시간이 많았다. 그 시간에 많은 것들을 정리했다. 어디든 다녀오면 늘 마음이 가벼워졌다.

그렇게 15년 동안 교수님을 모델링하면서 배운 여유로운 삶은 이제 습관처럼 자연스러워졌다. 여행을 가도 조급하게 생각하지 않는다. 여행을 갔으니 가능한 많은 것을 보고 오면 좋겠지만 어디를 가든 움직이기 싫은 날이 있다. 그런 날은 무리하지 않는다. 움직이기 싫은 날은 호텔방에서 하루를 꼬박 쉬는 것만으로 충분히 힐링이 되기 때문이다. 그게 휴식이고 여행이다.

가끔 교수님을 10년만 더 일찍 만났더라면 내 인생이 좀 더 달라지지 않았을까 하는 아쉬운 생각이 들기도 한다. 10년 전에 같은 대학 전자계산학과가 아닌 전기과를 갔더라면, 그래서 교수님을 좀 더 일찍 만났더라면 어땠을까 하고 말이다.

비디오 아티스트 백남준 씨는 옷도 헐렁하고, 생각도 헐렁하고, 행

동도 헐렁하고, '헐랭이' 같은 사람이 깜짝 놀랄 물건을 만들어 낸다고 말했다고 한다. 헐렁한 것은 우리 인생에서의 여유를 말한다. 헐렁하기만 하면 아무것도 아니다. 다만 몰입과 헐렁한 여유가 적절하게 조화를 이룰 때 비로소 일의 효율도 최대치가 된다. 지나고 보니 몰입과 헐렁함의 여유를 교수님을 통해서 알게 되었다. 몰입하는 방법과 그 헐렁함의 여유를 즐기는 방법은 서른 이후 15년 동안 내 삶에 큰 변화를 가져왔다.

나의 삶에 있어 진정한 멘토는 누구인가?

질책보다 위로를 해주신
장호형 회장님

'소장님.'

    옥상 방수 공사 도중 아스팔트 싱글을 철거한 상태에서 한밤중에 폭우가 쏟아졌다. 이 폭우로 인해 최상층 6세대는, 거실은 물론 안방 침대 위까지 온 집안이 물바다가 되었다. 당연히! 새벽부터 화가 난 주민들의 거센 항의가 이어졌다. 이 일로 하루 종일 마음 졸이고 있 었고, 저녁 시간에 회장님께서 남기신 카카오톡 메시지를 늦게서야 확인을 했다. 또 다른 민원이 있어 메시지를 남기셨을지 모를 일이 었다. 늦었지만 답장을 보냈다.

'회장님 확인을 이제 했어요. 주무시나요?'

'아니요….'

'그런데 무슨 일 있으세요?'

'짠하네….'

더 이상의 말씀은 없으셨다.

입주민들이 거세게 항의한 이유는 따로 있었다. 같은 상황, 일주일 간격으로 두 번째 사고였다. 입장을 바꾸어 생각해도 그럴 수밖에 없었다. 6개 동 중 앞서 진행된 5개 동의 공사 중에는 여러 차례 비가 내렸지만 철저한 사전 대비로 순조롭게 공사가 진행되었다. 그러다 일주일 전, 마지막 동 공사 중에 문제가 발생하고 말았다. 비가 온다 는 일기예보를 접하고 공사 중지 명령을 내렸다. 그러나 준공일자가 얼마 남지 않은 시점에서, 마음이 급한 시공업체는 예보된 비의 양 이 아주 소량이라며 공사를 강행했다.

오후 늦게 갑자기 예보가 바뀌면서 5밀리미터를 예상했던 비는 40 밀리미터를 순간적으로 퍼부었다. 예보가 바뀔 것을 미처 예상하지 못한 업체는 지붕의 아스팔트 싱글을 모두 철거한 후 그대로 철수를 했다. 이 폭우로 인해 최상층 6세대의 거실과 안방에서 누수로 인해 빗물이 줄줄 흘러내렸다. 쉬는 날 새벽부터 물벼락을 맞은 주민들의 항의는 당연했다. 일주일 전 그렇게 6세대의 1차 누수가 발생했다. 그날은 어떻게든 혼자서 문제를 해결하려 했다.

그러다 일주일 후 또다시 국지성 폭우가 쏟아졌다. 아직 같은 동 공사가 마무리되기 전이었다. 공사업체에서는 또다시 비가 예상된 다는 기상예보를 접하고는 다른 다섯 동의 경우와 마찬가지로 누수 가 예상되는 곳에 먼저 필요한 작업을 진행했다. 그러나 마지막 동 은 예상 밖으로 전혀 다른 곳에서 누수가 발생했다. 다른 동과는 구 조상 미세한 차이가 있음을 발견하지 못한 것이다. 일주일 간격으로 같은 피해가 발생하자 주민들은 더 이상 참을 수 없는 듯했다.

쉬는 날이지만 출근을 해야 했다. 당시 임신 8개월째였다. 남편도 직장을 옮긴 후라 회사에 나가봐야 했다. 임신 8개월의 몸으로 두 아 이 모두를 책임질 수도 없었다. 결국 큰아이는 아빠가 둘째는 내가 안고 사무실로 향하는 발걸음이 무거웠다.

사무실에 도착했을 때는 이미 입주자 대표 회장님과 피해를 당한 6세대에서 참석한 10명가량의 주민들이 대화를 나누고 있었다. 그 러나 어찌된 일인지 흥분해 있을 것으로 예상되었던 주민들은 차분 하게 회장님과 대화를 나누고 있었다. 회장님은 주민들의 질의에 따

라 업체 선정 과정부터 공사 진행 및 감독 과정, 하자가 발생하게 된 원인까지 설명을 하신 후 세대별로 피해내역 및 요구사항까지를 모두 챙기셨다. 평소에 진행 과정 하나하나를 꼼꼼하게 확인하신 덕분에 혼자서도 설명이 가능하셨다.

이번 사건은 공사 과정 중 발생한 사고로 회장님의 잘못이 아니었지만 오히려 전면에 나서서 문제를 해결하셨다. 평소에도 소신 있게 일 처리를 하시는 회장님을 보아온 터이긴 했지만 이번 일처럼 쉽지 않은 일에서 보여주신 모습에서 더 높은 신뢰가 쌓이기도 했다. 덕분에 주민들은 면담을 마치고 각자의 집으로 조용히 돌아갔다. 별다른 몸싸움이나 신경전 없이 말이다.

공사 시행 여부가 결정되기까지의 과정부터 업체 선정, 공사감독, 입주민들의 강력한 항의와 민원처리까지, 공사를 결정하기 전부터 이어져온 10개월 가까운 시간이었다. 그동안 업무에서 오는 스트레스에 셋째 임신으로 무거운 몸까지 힘든 상황을 혼자서 버텨내야 했다. 더 이상의 말씀은 없으셨지만 나의 상황에 대해서 잘 알고 계셨던 회장님의 '짠하네.' 짧은 한마디에 나는 아이처럼 한 시간을 넘게 펑펑 울었다. 하루 종일 졸인 마음과 그동안의 설움이 나도 모르게 터져 나왔다.

그 후, 다행히 공사와 입주민들의 피해보상까지 모든 것이 더 이상의 문제없이 잘 마무리되었다. 원만한 문제 해결의 중심에 회장님이 계셨다. 평소에 보여주시던 모습에서 회장님에 대한 신뢰가 있었지만 어려운 상황에서 회피하지 않고 전면에서 적극적으로 해결해주시는 모습에서 책임지는 리더의 모습까지 발견할 수 있었다. 당시 정신적으로 신체적으로 지쳐있던 내게 질책이 아닌 진심이 느껴지는 한 마디를 건네주신 장호형 회장님께 감사의 인사를 전한다.

> 겨울이 되어 날씨가 추워진 후에야
> 소나무와 전나무의 진가를 알게 된다.
>
> 歲寒然後知松栢
>
> -논어-

나를 돌아보게 해주신
미화원 아저씨

출근을 하니 책상 위에 열쇠 3개가 끼워져 있는 열쇠 꾸러미가 놓여 있었다. 10년 동안 아파트 청소를 하셨던 아저씨가 놓고 가셨단다. 직접 통제를 받지 않는 용역업체 직원이었지만 하루도 일을 게을리 하지 않으셨던지라 늘 고마운 마음만 가지고 있었던 분이다. 어느 날 속이 좋지 않아 병원에 다녀오시겠다는 말씀을 하셨지만 대수롭게 생각하지 않았다. 그러다 마지막 출근 전날에야 이분이 위궤양에서 위암으로 넘어가기 직전이라 간단한 수술로도 완치가 가능하다는 얘기를 들었다.

아파트에서 근무하는 미화원 아저씨는 주민들이 분리수거를 하지 않은 채 버리는 쓰레기를 분리하고, 규격봉투에 담겨져 있는 쓰레기를 컨테이너 박스에 넣어 주변을 정리하고 환경을 깨끗하게 해주신다. 이렇게 쓰레기가 모아진 컨테이너 박스는 주기적으로 청소 차량에 견인되어 버려진다.

쓰레기 처리장에서는 분리수거가 잘 되지 않았거나 일반쓰레기를 규격봉투에 담아 버리지 않을 경우 적발을 한다. 적발될 경우 해당 아파트의 관리사무소장은 쓰레기 처리장으로 불려간다. 불려간 관리사무소장들은 적발된 컨테이너 박스의 쓰레기더미에서 음식물과 재활용품을 분리해야 하는 경우가 있다. 경우에 따라서는 쓰레기 컨테이너 박스를 되돌려 보내 아파트 주차장에 그대로 부어 놓기도 한다. 이럴 경우에는 관리사무소 직원들이 일일이 분리수거를 다시 하고 규격봉투에 담아야 한다. 그럴 땐 정말 곤혹스럽다고 한다.

다행히 나는 이런 경험을 한 번도 하지 않았다. 하지만 주변의 많은 관리사무소장들이 경험을 했다. 내가 이런 경험을 하지 않도록 애써주신 분이 미화원 아저씨였다. 아저씨는 매일 새벽 5시에 출근을 해서 전날 저녁 주민들이 버린 쓰레기를 처리했다. 일반 쓰레기는 규격봉투를 사용해서 버려야 하지만 그렇지 않은 경우도 많다. 이렇게 불법으로 버려진 쓰레기들을 모아 일반쓰레기와 재활용 쓰레기를 구분해야 하는 수고스러운 일을 한 번도 게을리한 적이 없었다.

덕분에 우리 아파트는 쓰레기가 아파트 주차장 바닥에 널브러져 버려지는 상황을 경험하지 않을 수 있었다. 미화원 아저씨가 맡으신 일을 깔끔하게 처리해주셔서 내가 나서야 할 일도 일어나지 않았다. 참 감사해야 될 일인데 한 번도 고맙다는 인사를 제대로 해 본 적이 없다.

전기과장, 설비기사, 전기기사, 관리원, 경리원 등 직원들이 각자 맡은 자리에서 최선을 다해주지 않을 경우 모든 책임은 관리사무소장에게 돌아온다. 관리사무소장이 아무리 지시를 하고 협조를 구해도 직원들이 따라주지 않으면 무능한 관리사무소장이 된다. 혼자서 아무리 애써도 어쩔 수 없다. 이런 면에서 나는 굉장히 운이 좋은 편에 속한다. 같이 일하는 직원들이 각자의 맡은 바 업무에 최선을 다해 주고 있으니 말이다.

마음이 있으면 뭘 하나! 표현하지 않으면 알 수가 없는 것을. 문뜩 반성이 되었다. 책상 위에 덩그러니 놓여 있는 열쇠 꾸러미를 보니 떠나기 전 얼굴이라도 보았어야 했는데 그렇지 못한 것이 못내 서운하고 죄송했다. 일 처리가 깔끔하고 성실한 분이라 완쾌된 후 다시 같이 일을 할 수 있었으면 하고 바랐다. 책상 위에 두고 간 3개의 열쇠가 달린 열쇠꾸러미는 다시 누군가의 손에 넘겨져 사용되겠지만 주인을 잃어버린 것만 같아서 우울한 생각이 들었다.

얼마 전 영화 '내부자들'을 봤다. 하찮은 깡패였지만 주인공은 의리 있는 부하직원들을 두어 도망자 신세일 때도, 감옥에서 탈출을 할 때도, 따르는 사람들로 인해 위험을 면할 수 있었다. 영화를 본 사람들이라면 알겠지만 주인공이 부하직원들을 어떻게 대하는지 딱한 장면이 나온다. 바로 와이프 생일을 맞이한 부하 직원에게 케이크를 전달하고 금일봉을 넣어주며 즐거운 시간을 보내라는 얘기를 한다. 사소하지만 따뜻한 작은 것에 감동받게 되고 그것으로 인해 의리를 지키는 것이다.

영화를 보면서 과연 나는 직원들에게 어떻게 고마움을 표현해 왔는지에 대해서 생각해 보니 참 인색했다. 표현하지 않는 사랑은 사랑이 아니라고 했다. 떠나보내고 후회하는 일이 없도록 함께하는 지금 이 순간 마음에 있는 고마움을 마음껏 표현해야겠다는 생각이 들었다. 좋은 사람들을 만나고 좋은 사람들과 일을 할 수 있다는 건 과연 어떤 의미일까! 그건 바로 내가 그런 좋은 사람이 되어야 한다는 것이다. 좋은 사람인지 아닌지 어떻게 알 수 있을까! 말하지 않는 것

에 대해서는 알 수가 없다. 사랑도 고마움도 표현해야 상대가 알 수 있다.

나는 어떠한 리더인가?

사명감으로 일하는 직원들

"소장님 사진 보냈어요."

"네. 봤어요. 어찌할 생각인가요?"

"엑셀파이프를 5미터쯤 사서 뚫어봐야 할 듯해요."

"그러지 말고 소방호스를 이용해서 수압으로 쏘아보면 어때요?"

"배관이 꽉 막혀서 안 될 듯한데요."

"그래요? 그럼 일단 설비업자에게 자문을 구해봅시다."

1층 세대 뒤 발코니로 물이 역류해서 넘친다는 얘기를 듣고 동 지하에 있는 오배수 배관의 연결부분을 열어서 확인한 결과 기름때며 찌꺼기들이 150밀리미터 배관을 꽉 막고 있었다. 배관을 뚫어야 하

는 상황이었고 배관이 어디서 어디까지 막혀 있는지도 알 수 없는 상황이었다.

"사장님 사진 보셨죠? 보신 것 같이 배관이 꽉 막혀서 세대 뒤 베란다로 물이 역류하네요. 어찌 해야 하나요?"

"고압세척장비로 뚫어야지요."

"장비 투입하면 얼마예요?"

"450,000원이요."

"한 번 출동인데 비싸네요. 왜 이렇게 비싸요?"

"장비 자체가 고가다 보니 원가대비 어쩔 수 없네요."

"네, 알겠습니다. 다시 연락드릴게요."

45만 원이라는 비용이 아까운 생각이 들었다. 입주자 대표 회장님께도 말씀드리고 사용 승인을 얻기는 했지만 45만 원이라는 돈을 배관 뚫는 데 사용하고 싶지는 않았다.

"과장님, 미안한데 고압세척장비는 좀 비싸네요. 일단 소방압력으로 뚫어보고 안 되면 그때 장비 댑시다. 소방호스 연결해서 반대쪽 캡을 열고 물을 쏘아서 밀어내 봅시다. 될지 안 될지 모르겠지만 한

번 해봅시다."

작은 창문 두개와 출입문만 있는 동 지하 내부는 분리해 놓은 배관
에서 나오는 악취와 가스로 숨을 쉬기조차 쉽지 않았고 더러운 오수
는 줄줄 흘러내렸다.

4인일조가 되어 한 사람은 소방밸브를 열고, 한 사람은 소방호스
를 잡고, 한 사람은 사다리를 잡고, 한 사람은 사다리에 올라 배관에
소방호스를 밀어 넣었다. 소화전 밸브를 열어 오배수관 안으로 물을
쏘아 넣자 배관 안으로 들어갔던 물은 되돌아 나오며 이물질들을 조
금씩 함께 끌고 튀어나왔다. 그러나 꽉 막혀버린 배관은 쉽사리 뚫
리지 않았다. 1시간이 넘게 반복 작업을 진행하고 나서야 5미터 가
량의 직선을 막고 있던 이물질을 모두 빼낼 수 있었다.

끝이 아니다. 이번에는 45도로 굽어 있는 엘보 연결부분이 문제였
다. 몇 개의 엘보가 순차적으로 연결되어 있어 소방압력으로도 불가
능했다. 연결부위마다 설치되어 있는 고정밴드들을 하나씩하나씩
모두 풀어내어 배관을 완전 분리하고 배관 안에 있는 이물질을 직접
파내며 제거했다.

배관이 제대로 뚫렸는지 확인을 해야 했다. 직선배관에는 플래시를

비추어가며 상태를 점검했고 눈으로 확인할 수 없는 부분은 손을 최대한 밀어 넣어 확인했다. 그렇게 배관을 뚫고 다시 연결하고 3시간이 넘는 시간동안 직원들은 물과 함께 되돌아 나온 오수를 뒤집어 써야 했고 이물질들이 부패되며 발생하는 가스와 냄새를 참아내야 했다.

이렇게 힘들고 어렵게 작업을 해도 따로 보상은 없다. 당연히 알아주는 사람도 없다. 작업을 하는 동안 내가 별다른 도움이 되지 못하면서도 작업을 강행시켰지만 직원들은 누구 하나 불평 한마디도 하지 않았다. 직원들이 직접 하지 않는다고 해서 누가 뭐라 할 수 있는 일도 아니다. 작업환경이 그렇기 때문에 장비를 투입해서 작업을 하고, 어쩔 수 없는 상황이었다는 것을 보고하면 모두 인정할 수밖에 없는 일이다.

직원들이 처리 못 하는 일도 물론 있다. 승강기를 관리한다거나 변압기를 교체한다거나 정말 전문성을 필요로 하는 것들은 어쩔 수 없는 일이지만 가능한 할 수 있는 모든 일은 직원들이 직접 처리하려 했다. 어떤 이는 '몇 푼이나 든다고 업체에 맡기면 되지'라고 생각할 수도 있다. 45만 원이면 508세대 주민들이 나누어 냈을 때 세대당 890원밖에 되지 않는다. 그러나 티끌 모아 태산이라고 했다. 적은 비용이라도 아끼다 보면 관리비 절약금액을 무시할 수 없다.

작업 도중 1층 주민이 고생한다며 음료수며 수박을 준비해 주셨다.

그러나 음료수는 어찌 마실 수 있었지만 작업 중 수박은 도저히 먹을 수 없었다. 오물을 뒤집어 쓴 얼굴에는 땀이 줄줄 흘러내렸고 손은 비눗물로 여러 번 씻어내야 겨우 냄새가 사라질까 말까 했다. 씻지도 않은 손으로 도저히 수박을 먹을 수는 없었다. 작업이 끝난 후 먹겠다고 정중히 말씀을 드리고 계속 작업을 진행했지만 감사했다. 그렇게 직원들은 주민이 건넨 수고하신다는 말 한 마디와 시원한 음료수 한 잔이면 충분했다.

관리사무소 직원들이 하는 일이 사소해 보일 수도 있다. 그러나 직원들이 사명감을 가지고 일을 할 수 있는 근무환경을 만들어준다면 더욱 최선을 다해서 일을 할 것이다. 당연히 입주민들이 납부하는 관리비 한 푼이라도 허투루 사용되지 않게 하기 위해 노력할 수밖에 없다. 직원들의 협조 없이는 불가능한 일이었다. 어려운 작업임에도 불구하고 한 마디의 거부 의사도 없이 늘 함께해주는 직원들에게 고마움을 전한다.

> 인간 능력의 한계를 넓히는 모든 것,
> 인간이 할 수 없다고 생각했던 것을
> 할 수 있다고 보여주는 것은 모두 가치 있는 것이다.
>
> —벤 존슨—

첫인상! 보이는 것이 전부가 아니다

"면접 보고 갔어요. 아파트 관리사무소 이미지와는 좀 맞지 않는 듯해요. 다른 아파트 소장님 와이프라는 사실도 그렇고, 같이 근무하기 부담스러운데 다른 사람 없어요?"

"사람이 없어. 다른 소장님 와이프라는 것은 신경 안 써도 되고 이미지가 따로 있나. 사람 괜찮아. 써보고 맘에 안 들면 그때 다시 얘기하게."

새로운 여직원을 채용하는 과정에서의 일이다. 면접을 보러 온 여성은 키도 컸고 날씬했다. 긴 머리에 세련된 웨이브를 하고 나타났다. 아파트 관리사무소에서 근무하기는 아깝고 대기업 회장 비서 정도 하면 딱 어울릴 만한 차림새에 예쁘기까지 했다. 면접을 보고 본사에 다시 전화를 했다. 조심스럽기도 하고 불편하고 부담스럽다고 말을 했으나 적당한 사람이 없다고 했다. 급하게 채용을 하는 과정인지라 다른 사람을 기다릴 수 있는 여유가 없었다.

관리사무소 여직원은 입주민들을 상대한다. 여직원의 인상이 절대적일 수는 없지만 어느 정도 영향을 미치는 것은 사실이다. 직원의 첫인상은 세련되고 도도했다. 도도해 보이는 첫인상에 주민들이 부담스러워하지 않을까 염려되었다. 아직 사람을 알기 전에는 나도 부담스러웠다. 그러나 보이는 것이 전부가 아니라는 사실을 직원은 함께 하면서 알게 해 주었다.

처음의 우려는 말 그대로 우려일 뿐이었다. 그렇게 시작된 인연으로 8년을 같이 근무했다. 시간이 지날수록 장점이 많은 직원이었다. 먼저 주민을 상대하는 대민 업무는 물론 담당업무까지 일을 믿고 맡길 수 있었다. 외모에서 느껴지는 깔끔하고 정돈된 이미지는 그대로 일과 연결되어 자신이 해야 될 일은 철저하고 깔끔하게 처리했다. 일을 미루거나 잘못 처리해서 난처해지는 경우들이 없었다. 관리사무소장 입장에서는 일을 잘하는 직원을 만나는 것이 가장 큰 행운일 수 있다. 담당 업무에 있어서는 마음을 놓을 수 있으니 말이다.

성격적인 부분도 잘 맞았다. 도도해 보였던 첫인상은 정도에 지나
침 없는 절도 있는 성격으로 연결되었다. 정도에 지나침이 없다는
것은 한결같은 사람이라는 것을 말해준다. 일관성 있는 한결같은 사
람을 좋아하는 나로서는 가장 맘에 들었던 부분이기도 했다.

마지막으로 직원들과의 관계였다. 직원들 간에 관계가 원만하지
못하면 그 사람이 하는 말투나 행동 하나까지도 불만이 쌓여 화합을
할 수가 없다. 그런 면에서 또한 걱정할 것이 없었다. 과하지 않은 배
려가 몸에 배어 있는 직원이기도 했다. 모든 직원들과 원만한 관계
를 유지하기 위해 노력했다. 이런 노력은 전체적으로 화합하는 사무
실 분위기 조성에 도움이 되었다. 하루 중 대부분 지내는 사무실에
서 즐거울 수 있다는 얘기이니 더 말할 필요가 없었다.

어디로 보내기 아까운 직원이긴 했지만 입사 초기부터 가끔 주택
관리사보 자격증을 취득해서 관리사무소장을 해 보라는 말을 여러
차례 했었다. 한 조직의 리더를 해도 현명하게 잘할 수 있는 스타일
이라는 생각이 들어서였지만 직원은 늘 이렇게 대답했다.

"옆에서 지켜보면서 얼마나 힘든지 아는데 저는 자격증 안 따요."

단호했다. 같이 근무를 해보니 공부하기 싫어서 자격증 시험에 도전하지 않는 것이 아니라는 것은 쉽게 알 수 있었다. 그러더니 무슨 심적 변화가 있었는지 6년이 지난 어느 날 내년엔 자격증 시험공부를 해봐야겠다고 하는 것이다. 잘 생각했다고 응원했고, 그렇게 공부를 시작한 직원은 학원도 다니지 않고 혼자서 동영상 강의를 들으며 공부를 시작했다.

10개월을 한눈팔지 않고 공부를 한 직원은 단번에 1, 2차 시험에 당당히 합격을 했다. 지금은 우리 아파트를 떠나 다른 아파트 관리사무소장으로 자리를 잡아가고 있다. 한 공간에서 같이 근무했던 인연으로 우리는 지금까지도 만남을 이어오고 있다. 이제 같은 관리사무소장으로 서로간의 정보와 애로 사항도 공유하며 좋은 친구이자 동료로 지내고 있다. 처음의 낯섦에서 오는 도도함을 오해해서 인연을 맺지 않았다면 불가능한 일이다.

우리는 흔히 첫인상만으로 한 사람을 판단하고 평가해 버리는 오류를 범하고 있는지도 모른다. 첫인상만으로 결론 내리기에는 그 사람이 살아온 인생이 너무 길다. 어느 누구도 굴곡진 인생 모두를 첫인상에 담아낼 수는 없을 것이다. 우리가 매일 걷는 길에서도 매일

보는 물건에서도 순간순간 다른 무엇을 발견할 때가 있다. 하물며 사람은 그에 비할 수 없을 것이다. 보이는 것이 전부가 아니다. 보이는 것은 빙산의 일각일 뿐 내면 깊숙이 알고 보면 진국인 사람들이 많이 있으니 말이다.

군맹평상(群盲評象)
'장님들이 코끼리를 만져보고 제각기 코끼리의 형상을 말한다'는 뜻.
어리석은 사람은 사람을 전체적으로 보지 못하고
자기 주관대로 잘못 판단한다.

직장문화를 함께 만들어 가는 직원들

"직원 한 분 보낼 테니 무조건 채용해요."

"예? 묻지도 따지지도 마라? 뭐야~ 이런 경우가 어디 있어요. 어떤 분인데요?"

"한쪽 손이 없으신 분인데 정말 성실하신 분이야. 같이 근무 한 번 해봐."

나 역시 이제 겨우 입사한 지 20일도 채 되지 않았을 때였다. 입주 초기 일이 많을 수밖에 없었다. 나와 같은 날 입사한 관리원 아저씨는 일이 힘들다며 퇴사를 했다. 새로운 직원을 채용해야 하는 과정에서 당시 인사담당 과장님께 전화가 왔다. 무조건 채용하라는 것

이다. 하물며 한쪽 손이 의수라고 했다. 아직 분양률이 50%가 넘지 않아 현재 인원도 2명이나 부족한 열악한 근무환경이었다. 이번엔 손이 불편하신 분과 일을 하라니…. 답답했지만 어쩔 수 없었다. 인사는 본사의 권한이었기 때문에 받아들여야 했다.

그런데 편견이었다. 이분은 입사 이래 가장 성실하게 근무를 한다고 입주민들에게도 평이 나 있을 정도였다. 누가 뭐라 할 것도 없이 아침에 출근을 하면 손이 불편한 한쪽 팔에 쓰레기통을 끼우고 나머지 한쪽 손으로 집게를 잡고 아파트 단지 여기저기 구석구석의 쓰레기를 주우러 다니셨다.

인도 블록에 잡초가 나면 한쪽 손을 쓰지 못하니 한쪽 손만으로 호미를 잡고 풀을 뽑은 후 호미를 놓고 뒷정리를 하고 다시 하기를 반복했다. 혼자 하는 대부분의 작업에서 다른 직원들의 두 배 이상의 시간을 필요로 했다.

또 직원들과 단체 작업을 할 때는 나무에 함께 오르지 못하고 예초기를 함께 돌려 줄 수는 없었으나 뒤에서 잡다한 뒤처리들을 도맡아 하셨다.

입주민들과의 관계에서도 보는 사람마다 웃는 낯으로 인사를 하니 모두 칭찬일색이었다. 아마도 본인의 단점일지도 모를 한쪽 손 때문에 더 열심히 하셨을까! 그렇게 열심히, 성실히 17년을 근무했다. 그런 분이 2016년 8월 31일, 나이 69세가 되어 정년과 촉탁근무 1년까지 마치고 17년을 근무한 직장에서 퇴사를 하게 되었다.

8월 31일이면 퇴사가 결정이 되었으니 대충 설렁설렁 일을 하자는 사람도 있을 테지만 관리원 아저씨는 퇴사를 앞두고 더 열심히 일을 하셨다. 퇴사 전 본인이 담당한 화단과 인도에 난 잡초를 모두 깔끔하게 정리하고 싶으셨던 듯하다. 그렇게 퇴사하는 날까지도 잡초를 뽑고 나무 하나하나에도 손길을 주고 열심히 한쪽 팔에 쓰레기통을 끼우고 쓰레기도 주우러 다니셨다.

고마운 마음에 눈물이 났다. 마음 같아서는 떠나시는 분에게 감사패도 전달해 주고 싶고 전도금도 주고 싶고 근사하게 선물도 해드리고 싶었다. 같이 근무한 17년 동안 성실하게 근무해주셔서 감사한 마음이 컸지만 아파트 자체적으로 퇴사하는 직원들에게 퇴직금 이외에 별도로 지급되는 것이 없다.

입주자대표회의에 말을 해서 전도금이라도 좀 드리자고 해볼까! 감사패를 드리자고 해볼까! 여러 가지 생각을 했지만 한 번 시작하면 형평의 원칙상 전례가 되어야 할 테고 그렇게 되면 주민들의 부담으로 돌아갈 수밖에 없어 그렇게 하지 않기로 했다.

어떻게 하면 떠나는 분에게 감사의 마음을 표현할 수 있을까를 고민했다. 직원들에게도 의미 있게 이별할 수 있게 해주고 싶었다. 많은 고민 끝에 직원들과 함께 작은 선물을 해드리면 어떨까 하는 생각을 했다. 조심스럽게 과장에게 내 의견을 전달했다.

"양덕용 주사님 퇴사하시는데 직원들이 작은 선물을 해주면 어떨까 하는 생각을 해봤어요. 17년을 함께 근무했는데 그냥 보내드리기 서운해서요. 제가 100,000원을 부담할 테니 직원들이 10,000원씩만 부담해 주면 어떨까요?"

"17만 원으로 뭘 해드릴 만한 것이 있을까요?"

"나 혼자 낼 수도 있지만 그러면 의미가 퇴색될 듯하고 더 거출을 하면 직원들이 부담되지 않겠어요? 반지를 해드리고 싶은데 가격이 있다 보니 부담이 될 듯해서 연세가 있으시니 편안한 신발 정도 어떨까 해서요."

과장은 직원들과 상의해 보겠다고 했고, 직원들은 자신들이 5만 원씩을 각각 부담하겠으니 신발보다는 반지를 해주자는 의견이었다.

직원들에겐 미안한 마음이 없진 않았지만 모른 척 감사하게 그 마음을 받아들이기로 했다. 장기근속하고 퇴사하는 직원에게 아파트 차원에서 감사의 마음을 전한다면 좋겠지만 입주민들의 관리비 부담을 최소화해야 하는 상황에서 퇴사하는 직원까지 챙겨달라고 하는 건 무리한 요구일 것이다. 직원들이 3만 원씩만 부담해도 적당한 반지는 선물할 수 있었다. 그러나 직원들은 좀 더 고급스럽고 세련된 반지를 하자는 의견이었다. 몇 년을 같이 근무한 직원인데 그 정도는 해줘야 되지 않겠느냐는 직원들에게 눈물이 날 정도로 감사했고 감동받았다.

많지 않은 월급에 5만 원씩을 선뜻 내준 직원들 덕분에 좀 더 좋은 반지를 선물할 수 있게 되었다. 우리는 이렇게 직원들의 문화를 만들어 가고 있다. 부담스럽겠지만 나의 결정에 두말없이 동의해준 직원들에게 감사한 마음을 전하고 같이 근무하는 동안 성실하게 근무해주신 양덕용 관리원 아저씨께도 고마움을 전한다.

이곳에서 17년을 함께할 수 있었던 이유 중의 하나가 이분처럼 본인이 담당한 업무에 최선을 다해주셨던 직원들 덕분이라는 것을 한시도 잊은 적이 없다. 우리 아파트에 입사한 관리원 아저씨들은 특별한 경우가 아니면 모두 정년이 지나 촉탁까지 마무리를 하시고 퇴사를 했다. 직원들이 장기근속을 하면 손발이 척척 맞기도 한다. 특

별히 말하지 않아도 일을 알아서 처리해주는 장점이 있다. 직원들이 오래 다닐 수 있는 즐겁고 편안한 분위기를 만드는 것은 그들뿐만아니라 나를 위해서도 꼭 필요한 것이다.

줄탁동시(啐啄同時)

줄(啐)과 탁(啄)이 동시에 이루어진다.
병아리가 알에서 나오기 위해서는
새끼와 어미 닭이 안팎에서 서로 쪼아야 한다는 뜻.
여러 사람이 함께 힘을 모으면 일이 잘 이루어진다.

직원들의 협력을 얻어내는 힘

"인간적으로 대해. 직원들을 인간적으로 존중하다 보면 스스로 알아서 하게 되어 있다니까!"

입주 초기 리더십 부족으로 인해 직원관리가 힘들었던 때의 일이다. 첫 번째로 시도했던 방법의 실패를 경험하고 바로 옆 단지에서 근무하던 이민행 선배소장에게 조언을 구했다. 직원을 감시할수록 더 꽁꽁 숨는다고 어찌해야 하느냐는 물음에 선배의 대답이었다.

28살에 관리사무소장이 되었다. 청소용역 직원까지 포함 전체 14명 중에 내가 가장 어렸다. 스스로에게 나이는 열등감이었다. 사회

경험도 적었던 나는 직원 관리며 모든 면에서 부족한 것 투성이었다. 의지할 곳이라고는 선배소장들의 조언밖에 없었다. 그중 처음 부임 받고 도움을 요청했던 선배소장은 관리사무소장은 너무 어려보이면 안 된다고, 그러면 주민들과 직원들이 리더십을 의심한다고 했다. 그래서 직원들을 잘 감시해야 하고 절대 직원들에게 잘해주면 안 된다고도 했다. 잘해주면 소장을 밟고 올라선다고 했다.

경험 없는 초짜 소장은 선배가 시키는 대로 했다. 어린 나이와 여자, 미혼이라는 이유로 인정받지 못한다는 건 있을 수 없는 일이다. 직원들에게 웃는 얼굴 한 번을 보이지 않았다. 열등감을 숨기기 위해 늘 얼굴엔 인상을 쓰고 있었다. 외모는 또 어땠나! 머리는 쪽머리에 옷은 작업복 스타일의 옷만을 고수했다. 다이어트가 필요했음에도 일부러 시도 하지 않았다. 외모적으로라도 나이를 숨기고 나름 인정받고 싶은 몸부림이었다고나 할까!

하루에 한 차례 이상 단지순찰을 돌았다. 시설물 관리 목적도 있었지만 선배 소장의 조언대로 직원들을 감시하기 위한 것이기도 했다. 직원들이 무엇을 하는지 확인하는 것이다. 직원들이 보이지 않으면 찾으러 다녔다. 찾으러 다니다 보면 어느 동 귀퉁이 의자에 앉아서

쉬고 있는 모습이 보였다. 그냥 두고 볼 수 없었다. 아직 작업이 미비한 부분에 대해 지적을 하곤 했다. 그렇게 직원들에게 빈틈을 주지 않아야 하는 줄만 알았다.

그러다 3개월이 지났다. 직원들은 감시하고 재촉하는 내 뜻대로 되지 않았다. 직원들을 찾으러 다니기 시작한 후 직원들은 더 꽁꽁 숨었다. 전화를 하면 그때서야 어디선가 나타나곤 했다. 작정하고 속이려 들면 내가 어찌 알겠는가! 그런가 보다 하는 수밖에 없었다. 날이 갈수록 이 방법은 아니라는 생각이 들었다. 나도 직원들도 힘들었던 시기에 다른 선배는 이렇게 말했다.

"직원들은 감시한다고 해서 일을 잘하는 게 아니야. 열 사람이 도둑 하나 못 잡는다고 했어. 소장이 아무리 직원들을 감시해도 직원들이 작정하고 골탕 먹이려고 하면 어쩔 수 없는 일이야."

선배는 내게 직원들을 인간적으로 대하라고 했다. 인간적으로 존중해 주면 스스로 하게 되어있다고 말이다. 일단 선배소장의 말을 믿어보기로 했다. 이후로 내가 변하기로 했다. 먼저 순찰을 돌며 직원들을 찾지 않기로 했다. 관리가 잘 되어 있으면 그만이지 사람 찾

으면 무엇을 하겠는가 싶었다. 단지 순찰의 목적 중 하나를 내려놓았다. 사람까지 찾아야 하는 부담을 덜어내기로 한 것이다. 대신 각자의 자리에서 맡은 바 일을 얼마나 잘 해두었는지를 확인하기 시작했다.

생각의 변화가 일어났다. 직장인들은 하루 중 눈을 뜬 후 대부분의 시간을 직장에서 지낸다. 그런데 직장에서의 시간이 즐겁지 않다면 서로에게 불행이라는 생각이 들었다. 마음을 비우고 직원들의 말을 들어주고 믿어주고 배려해주는 소장이 되고자 노력했다. 얼마 시간이 지나지 않아 직원들도 변하기 시작했다. 나의 변화와 함께 각자의 위치에서 더 열심히 근무를 해주었다. 그래서였을까! 입주 초기에는 한 달을 채우지 못하고 퇴사한 직원들이 더러 있었다. 그러나 점차 장기근속을 하는 직원들이 늘어났다.

이민행 선배는 인간적인 관계에서 시작되는 리더십에 대해 알게 해 주었다. 이후 직원들과의 관계에 있어 정이 있는 가족 같은 분위기를 만들기 위해 노력해왔다. 직원들은 인간적으로 존중해주고 믿어주니 각자의 맡은 바 위치에서 자발적으로 성실하게 일해주는 것으로 보답해 주었다. 직원들의 협력을 얻어내는 힘은 그리 어려운 것이 아니었다. 인간적으로 존중해주고 믿어 주는 것! 그것만으로도 충분히 가능한 일이었다. 존중과 믿음은 직원들의 자존감을 높여준다. 자존감은 행복의 지름길이며 다양한 서비스 질의 향상으로 입주민들에게 전달될 것이다.

자존감은 행복의 지름길이고, 서비스의 질로 직결된다.

5장

자연

삶을 즐기는 여유

준비되지 않은 산행에서 얻은 교훈

늘 전주비전대 문명룡 교수님을 따라 산을 다녔다. 모악산을 제외하고는 산행을 안내해 주실 교수님이 함께하지 못한 적은 없었다. 그러다 억새를 보기 위해 더 늦어지면 안 되는 11월 중순. 우리들만의 산행을 계획했다. 언젠가 다녀왔던 경험이 있는 무등산행이었다. 당연한 듯 경험에 의존한 채 흔한 지도 한 장 준비하지 않았던 산행에서 전혀 다른 방향으로 하산을 한 것이다.

친구 3명과 함께 아침 5시에 분식집에서 만나 간단하게 아침 식사를 했다. 점심에 먹을 김밥도 6줄을 샀다. 그리고 광주로 출발을 했다. 자연스럽게 한 번 와본 적이 있는 공원주차장에 주차를 하고 원효사를 지나 꼬막재를 시작으로 산행을 시작했다. 가을 산길이라 수북이 쌓여있는 낙엽을 밟아보고 싶었지만 이미 지나간 등산객들로 인해 낙엽은 밟히고 밟혀 그 형체를 잃어버린 모습이었다. 산행길은 언제나 고되다. 무등산은 다녀본 정맥길이나 백두대간길보다는 산도 높지 않고 길도 험하지 않지만 힘든 건 마찬가지다.

3시간가량을 올라 장불재에 도착했다. 12시가 가까워져 오는 시간, 힘도 들고 물도 마시고 싶고 배도 고팠다. 적당한 곳에 자리를 잡고는 점심을 먹기 위해 각자 배낭에서 준비해온 물과 간식 등을 꺼냈다. 그런데 애타게 기다리는 김밥이 보이지 않았다.

"배고프다. 김밥 먹자. 왜 안 꺼내?"

서로 얼굴만 바라보다 누군가 말했다.

"뭐야? 차에 두고 온 거야?"
"아니, 차에서 못 봤는데 어디 배낭에 들어있나 잘 찾아봐."

김밥의 행방을 먼저 찾아야 했다. '설마~ 분식집에?'라는 생각이 들었다.

"가게에서 김밥 챙긴 사람 없어?"

"난 안 챙겼는데! 아니, 계산한 사람이 챙겨야 하는 거 아냐?"

계산은 내가 했다. 김밥 값 6,000원을 지불하고는 김밥을 가지고 나오는 것에 대해서는 전혀 생각하지도 않았다. 확인을 위해 114에 물어 분식집에 전화를 했다. 우리의 점심은 분식집에서 얌전히 대기하고 있었다. 4명이었다. 모두 다 누군가를 믿었다. 그러나 단 한 사람도 누군가가 아니었다.

새벽부터 서둘러 오느라 아침도 간단하게 먹고 왔다. 배가 많이 고팠다. 그러나 우리가 챙긴 간식이라고는 누군가 가져온 사탕 몇 개와 생수가 전부였다. 아직 가야 할 길이 멀었지만 생수만으로 고픈 배를 채우고 입석대 정상과 서석대 전망대를 지나 하산을 시작했다.

억새를 보기 위해 시작한 산행이었지만 11월 중순의 억새는 이미 많이 시들어 있어 생각만큼 아름다운 은빛도 보여주지 않았다. 억새를 보기 위해선 내년에 좀 더 빨리 와야겠다며 어떻게 왔는지도 모르게 중머리재 이정표 앞에 섰다. 당황했다.

우리는 차량을 주차한 곳이 공원주차장이라는 것 외에는 아는 것이 없었다. 이정표에는 산장, 증심사, 토끼등 방향과 새연봉 방향, 장불재 방향으로 표시되어 있었다. 순간 어디로 가야 되지? 왜 한 치의 의심도 없이 하산길이 하나라고 생각했을까 라는 생각마저 들었다. 장불재는 아니니 나머지 두 코스 중 하나를 선택하면 되는 것이었지만 알 수가 없었다. 지나가는 등산객에게 물었다.

"죄송한데요. 주차장으로 가려면 어느 쪽으로 가면 되나요?"
"이쪽으로 가시면 됩니다."

원효사 주차장을 물었어야 했는데 공원주차장이 두 곳이라는 것을 미처 알지 못했다. 원효사 주차장을 언급했다면 어땠을까! 질문하면서까지 정확한 정보를 제공하지 않았다. 지나가는 등산객이 안내해 준 코스는 산장, 증심사, 토끼등 방향이었다. 우리는 한 치의 의심도 없이 그 방향으로 하산을 시작했고 당산나무 아래 도착해서 또 잠깐 휴식을 취했다. 그러면서도 '이쪽 길이 맞기는 할까?'라는 의심조차 하지 않았다.

오후 4시가 다 되어 도착한 곳은 증심사 입구였다. 아무리 두리번거려도 처음 올랐던 원효사는 찾을 수 없었다. 이번에도 불길한 예감은 맞아떨어졌다. 원효사가 아닌 다른 곳의 주차장을 찾아 내려온 것이다. 힘든 산행에 배가 고파 쓰러질 정도였던 우리는 서로 말을

아꼈다. 그리고는 증심사 관리사무소 입구까지 내려와서 13,000원의 택시비를 지불하고서야 원효사 주차장까지 이동할 수 있었다.

　내려와서 지도를 보고서야 알았다. 중머리재 이정표 앞에 섰을 때 이미 방향은 틀어져 있었다. 그러나 그때라도 정확한 정보를 제공했다면 바로잡을 수 있었다. 모르면 용감하다고 했다. 늘 길잡이가 되어 주셨던 교수님과 함께했던 산행길은 오히려 독이 되었던 것이다. 당연히 한 번 경험한 것이 정답이고 그 길만 있을 것이라고 단정 지었다. 산이 얼마나 방대하고 산에 오르면 얼마나 많은 길이 있다는 것 또한 알지 못한 채 아는 것이 전부인 양 행동했다.
　만약 한 번도 가보지 않았던 전혀 새로운 산으로 가고자 했다면 최소한 지도 한 장 정도는 준비했을 것이다. 그러나 무등산 코스는 경험해 본 길, 하나만 있는 줄 알았다. 거기에서 여러 길이 나뉘어져 있으리라는 생각은 전혀 해보지도 않았다.
　사람이 많이 다니는 산길이었기에 다행히 잘못 내려오긴 했어도 안전하게 내려올 수는 있었다. 사람이 다니지 않는 산이었다면 어떻게 되었을까! 생각해보면 아찔하다. 준비되어 있지 않은 산행이 얼마나 배고프고 힘든지 경험을 해보고서야 알았다. 그 이후 산을 가거나 여행을 갈 때 첫 번째로 준비하는 것이 지도이다.

억새를 보기 위한 산행이었지만 볼 수 없었다

원효사로 이동하는 택시 안에서 하루를 정리하며 반성했다. 김밥을 두고 온 실수는 '나 아닌 누군가가 하겠지'라는 안일한 생각에서 비롯된 것은 아닐까! 지도 한 장 준비하지 않고 시작한 산행은 알고 있는 그 얇은 경험과 지식이 전부라는 자만심이 있었던 것은 아닌지 말이다.

자만하지 마라. 겸손한 마음이 있어야 준비도 철저히 할 수 있다.

정상에 이르게 하는 목표의 힘

"와우~ 대단한데 어떻게 따라왔어?"

첫 한라산 등반에서 백록담을 보기 위해 산에 오를 때의 일이다. 진달래 밭에 한 시까지 도착해야 했으나 시간이 부족했던 일행들은 잔인하게 한 남자를 버리고 갔다. 놀라운 일이 벌어졌다. 불가능할 것으로 예상했던 한 남자가 우리를 따라 시간 안에 도착한 것이다.

2005년 8월 친구 세 명과 함께 목포에서 배를 타고 제주로 향했다. 고등학교 때 수학여행으로 다녀온 이후 처음으로 향하는 제주행은 설렘으로 다가왔다. 20년 만에 제주로 향한 이유 중에 하나는 아름다운 제주를 보기 위해서이기도 했지만 이제 막 산을 다니기 시작한 새내기들에게 도전해야 할 한라산이 있었기 때문이기도 했다.

제주에 도착한 첫날 한림공원을 구경하고 다음 날 아침 늑장을 부리다 오전 9시경에야 한라산에 오르겠다고 영실 코스 입구에 도착했다. 준비를 하고 산에 오르기 전 이정표 앞에 설 때까지만 해도 여유로웠다. 아직 시간이 충분하다고 생각했으니 당연했다. 그러나 이정표 앞에 서는 순간 '어! 여기가 아닌가벼' 했다. 오늘 목표는 한라산이었다. 당연히 한라산이라는 목표 안에는 백록담을 보겠다는 의지가 포함이 되어 있었다. 그러나 영실 코스에서는 정상의 백록담까지는 오를 수 없다는 것을 그때서야 알게 되었다.

백록담까지 이어져 있어야 하는 등산안내 이정표에는 윗새 오름에서 백록담까지의 등산로가 표시되어 있지 않았다. 자세히 보니 휴식년제로 인해 오를 수 없었던 것이다. 순간 당황했다. 잠깐의 고민의 시간을 가졌지만 누구랄 것도 없이 언제 다시 올지 모르니 백록담에 꼭 가야겠다는 의지를 보였다.

한라산에서 백록담까지 오를 수 있는 코스는 성판악과 관음사 두 코스였다. 그나마 완만하다는 성판악 코스를 선택하고 차를 돌렸다. 성판악 코스에 도착해서 산에 오를 준비를 하고 점심에 먹을 김밥을

사기 위해 슈퍼로 향했다. 그 시간은 이미 정오에 가까운 11시 15분이었다. 김밥을 사면서 주인아주머니께 정상까지는 몇 시간이면 도착하는지에 대해서 물었다.

"정상에 가려면 진달래 밭에 1시까지는 도착해야 하는데 이미 시간이 11시가 넘어서 못가지 싶은데요."
"보통 얼마나 걸리는데요?"
"진달래 밭까지 가는 시간만 해도 세 시간은 걸리지요."
"시간 안에 못 들어가지 싶은데요."

큰일이다. 3시간 코스를 1시간 45분 만에 올라야 하는 상황이 되었다. 일반 도로도 아니고 산길을 말이다. 서둘러야 했다. 처음 산길에 접어드니 초입이 완만했지만 산은 산이다. 10분쯤을 일행들과 함께 보조를 맞추어 올랐지만 맨 뒤에 남아 있는, 우리 중 나이가 제일 많은 일모 형이 도저히 우리를 따라 올라올 수 없을 것 같았다. 미안했지만 냉정해지기로 했다. 슈퍼에서 구입한 김밥을 하나 건네며 말했다.

"미안한데… 우리 먼저 올라갈 테니 열심히 따라 올라오고… 안

되겠다 싶으면 진달래 밭에서 기다려. 우리는 정상에 올랐다 올게."

다시 한 번 미안하다는 말을 남기고 세 사람은 잔인하게 한 남자를 버리고 바삐 올랐다. 쉬지도 않고 옆도 뒤도 보지 않고 말도 아끼고 앞사람의 발뒤꿈치만 보고 올라갔다. 뒤따라오는 한 남자 또한 기억에서 사라진 지 오래다. 정말 숨이 턱 밑까지 차올라 심장까지 터질 듯했지만 참아야 했다. 이를 악물고 올랐다. 그렇게 오르고 또 오르니 드디어 평지에 오른 듯 진달래 밭 대피소가 보였다. 얼마나 황홀했던지! 진달래 밭에 도착한 시간은 정오 12시 50분이었다.

우리 생각엔 기적이라고 밖에 말할 수 없었다. 이제 겨우 산을 다니기 시작해서 몇 번 산에 올라본 경험도 많지 않았다. 도로도 아닌 산길 7.3km를 그것도 내리막도 아닌 오르막을 1시간 30분 만에 오른 것이다. 서로 상기된 얼굴을 보고 놀라 하며 좋아하고 있을 때 어디서 많이 본 한 남자가 숨을 헐떡거리며 올라오고 있었다. 불가능할 것이라고 생각해서 버리고 왔던 한 남자가 우리보다 겨우 5분 늦게 도착을 한 것이다. 우리가 올랐을 때보다 더 큰 소리로 환호성을 지르며 환영했다.

그럴 수밖에 없었다. 몸도 무겁고 걷는 것도 그리 좋아하지 않고

사진 속 한 남자의 표정에서 이날의 고됨이 느껴진다.

평소 행동도 여유로운 사람인지라 못 올라오는 것이 당연한 일인 것처럼 생각했는데 올라온 것이다. 정말 의지의 한국인이라고 서로를 자축했다. 그러나 아직 갈 길이 남아있었다. 백록담까지 2.3km를 다시 오르기 시작했다.

진달래 밭까지는 어찌 올랐는지 기억이 전혀 없었다. 그저 오르기에 바빠 옆도 뒤도 돌아볼 여유가 없었다. 그런데 7.3km도 단숨에 올라온 후 좀 여유롭게 나머지 산길을 오르려 했지만 생각처럼 되지 않았다. 너무 방심했을까! '겨우 2.3km인데'라고 생각했지만 산길은

정상에 오른 뒤 기념사진 – 카메라만 들이대면 다들 이렇게 표정이 굳는다

생각보다 힘들었다. 또다시 정신 못 차리고 숨을 헐떡거리며 올랐으나 나머지 산길을 2시간이 넘게 걸어서야 오를 수 있었다. 이게 무슨 일인가 싶었다. 고행 끝에 정상에 오르니 날아갈 듯 기뻤다.

정상에 올라서서야 겨우 여유로움을 찾을 수 있었다. 정상에는 엷은 운무가 끼어 있기는 했지만 제주의 오름과 제주시내가 한눈에 들어왔다. 정상에서의 바람을 맞으며 백록담 주변의 노루도 보며 한참의 휴식을 취하고 올랐던 길을 터벅터벅 되돌아 내려왔다. 그때서야 등산로 옆길에 산죽이 많다는 것도 오르는 중간 화장실이 있었고 약

수터가 있다는 것도 알 수 있었다. 등산객들이 오르기 편하게 등산로를 잘 정비해 두었다는 것도 느낄 수 있었다.

오후 1시 진달래 밭이라는 목표를 세우고 그 시간과 길만을 생각하고 옆도 뒤도 돌아보지 않고 오르다 보니 불가능할 것 같은 목표점에 정해진 시간 안에 도착할 수 있었다. 물론 오르는 동안 포기하고 보지 못했던 많은 것들이 있기는 했다. 그러나 그 나머지 여유로움은 산을 되돌아 내려오면서 충분히 즐길 수 있었다.

어떤 것을 목표로 세웠다면 그것에 기한을 정하는 것도 좋은 방법이다. 오늘 해도 괜찮고 내일 해도 괜찮은 일은 어느새 10년째 목표로만 세우고 있는 일이 될 수도 있다. 간절하게 원하는 목표에 기한이라는 절벽을 추가하면 꿈만 같았던 일들이 어느 순간 이루어져 있을지도 모른다. 이번 산행에서 우리들이 정상에 올라 느꼈던 그 감동스러웠던 희열처럼 말이다.

간절히 원하는 목표에 데드라인을 추가하라. 집중력이 향상된다.

올레길의 귀한 인연,
서명숙 이사장님

"하루 동안 겪어보니 참 멋진 친구라는 생각이 드는데? 여자 친구를 위해서 비상식량을 챙겨오고 저렇게 무거운 배낭도 마다하지 않고 메고 오고 단점 하나를 고치면 성격도 좋고 참 멋진 친구인 것 같은데 올레길을 걸으면서 다시 생각해 보면 어떨까?"

며칠 전 남자친구와 심하게 다투었다. 대한민국에 걷기 붐을 일으키고 있는 제주 올레길을 걷기 위해 이미 한 달 전부터 예약해 둔 제주여행을 끝으로 우리는 헤어지기로 했다. 그 이별여행에서 우연히 만난, 제주 올레길을 만드신 서명숙 이사장님은 이렇게 말씀하셨다.

2009년 10월 1일 목요일은 명절 연휴 전날이었다. 제주로 출발을 하며 우리는 그렇게 따로 또 같이하는 이별여행을 떠났다. 배 안에서도 친구는 내게 모르는 사람이었다. 배 안에서부터 온전히 혼자의 시간을 갖고 싶었다. 함께한 오랜 시간에 대한 미련을 떨치기 위해서는 생각을 정리할 시간이 필요했다. 그러나 친구는 말만 걸지 않았지 껌딱지처럼 옆에 붙어있었다. 그러는 사이 어느새 제주국제여객터미널에 도착한 시간은 저녁 7시 30분이었다.

제주에는 게스트하우스가 많았지만 친구는 굳이 텐트를 치겠다며 집채만 한 80리터 배낭을 메고 왔다. 3박 4일 동안 먹을 비상식량이며 생필품을 꽉꽉 채워서 말이다. 그러나 우리가 도착한 제주에는 비가 내리고 있었다. 이미 늦은 시간에다 기상조건까지 도와주지 않은 탓에 텐트를 치기는 어려웠다.

택시를 이용해 서귀포시에 있는 둥지황토마을 게스트하우스로 이동했다. 이미 저녁 9시가 넘은 시각이었다. 배가 고팠다. 명절연휴인지라 식당 문은 굳게 닫혀 있었고 준비해 간 비상식량도 먹을 만한 마땅한 장소가 보이지 않았다. 매점에서 라면과 햇반으로 간단하게 저녁식사를 마치고 각자 숙소로 들어갔다. 하지만 친구는 곧 다시 나왔다. 들어가 잠을 잘 리 없었다. 오기 전 지인들로부터 제주올레에 가면 게스트하우스에 모인 올레꾼들이 밤마다 모여 저마다의 인생이야기 꽃을 피운다는 얘기를 전해 들었던 탓이다.

역시나 이곳 둥지황토마을 게스트하우스의 풍경도 다르지 않았다. 비가 추적추적 내리고 있는 늦은 밤인데도 게스트하우스 중앙에 천막으로 만든 간이 휴게소에는 숯불에 고기를 구워 먹으며 20명가량의 올레꾼들이 모여 이야기꽃을 피우고 있었다. 친구는 올레꾼들이 모여 있던 휴게소를 기웃기웃하더니 어느 순간 그들과 함께 동화되기 시작했다.

여행 출발 전 제주 올레길을 만드신 서명숙 이사장님이 쓰신『놀 멍 쉬멍 걸으멍』책을 읽고 가지고 갔다. 그 안에는 버프로 얼굴을 모두 가리고 눈만 살짝 내놓은 서동철 탐사대장님의 사진이 나온다. 평소에도 장면을 묘사하듯 기억하는 친구는 그 사진 한 장을 보았을 뿐인데 그 자리에 앉아 있던 서동철 탐사대장님을 한번에 알아봤다고 한다. 그리곤 "어~ 동철이~"라고 소리를 쳤단다. 아니 이제 겨우 30대 중반의 친구가 50이 넘은 분에게 "어~ 동철이~"라고 소리치고는 자신도 놀라 어쩔 줄 몰라 했다고 한다.

이렇게 만난 서동철 탐사대장님을 시작으로 우리는 서명숙 이사장님과 인연을 맺을 수 있었다. 다음 날 아침 게스트하우스에 있는

식당에서 서명숙 이사장님과 첫 대면을 하고 1코스부터 순차적으로 걷기로 했던 계획을 변경했다. 두 분이 걸으시는 3코스를 하루 종일 졸졸 따라 걸었다. 두 분은 이렇게 종종 올레길을 직접 걸으며 점검하신다고 했다. 이사장님을 따라 걸었지만 복잡한 생각 때문에 많은 말을 하지 않던 내게 이사장님께서는 이렇게 물으셨다.

"명절인데 집에 안 가고 어떻게 제주에 오게 되었어?"
"한 달 전부터 여행을 준비했었어요. 그러다 얼마 전 심하게 다투었는데 그 일을 겪고 나서 이 사람과 헤어져야겠다는 생각을 했어요. 생각을 정리할 시간이 필요해서 혼자 오려고 했는데 친구가 이번 여행까지만 함께하자고 따라오겠다고 해서 이별여행을 온 것이에요"

이별여행을 왔다는 답변에 처음 도도한 척 말도 없고 얼굴 표정도 안 좋은 나를 보고 왜일까라는 생각을 하셨단다. 이제야 그 이유를 알겠다고 하셨다. 3코스 내내 함께 걷는 분이 서명숙 이사장님이란 사실을 알게 된 올레꾼들이 하나둘 합류하면서 그 수가 꽤 많아졌다. 덕분에 친구가 준비해간 비상식량은 그날 점심 한 끼 식사로 모두 소진되었다. 명절 전날이라 중간에 하나 있던 음식점마저 문을

가운데 계신 분이 서명숙 이사장님. 오른쪽 끝이 서동철 탐사대장님

닫았기 때문이었다. 3박 4일 동안 먹으려고 가져간 라면이며 즉석비 빔밥이 남아날 리가 없었다.

3코스를 마쳤을 때는 이미 해가 지고 어두워졌다. 이사장님은 비 상식량을 준비해간 친구 덕에 3코스 걷기를 마칠 수 있었다며 고마 움에 저녁을 사주겠다고 하셨다. 오겹살에 소주까지 한잔하면서 제 주 올레길을 만들며 함께하셨던 몇몇 분들도 소개해 주셨다. 얼마나 힘들게 이 길을 만드셨는지, 그 안에 어떤 수고와 아름다움이 있었 는지에 대해서도 전해들을 수 있었다.

이사장님은 올레길을 걷는 내내 미소를 띠우셨지만 순간순간 걷

는 것이 힘드신 것인지 생각이 많으신 것인지 무표정한 얼굴을 보이기도 하셨다. 그러다가도 카메라가 다가가면 정말 아이처럼 함박웃음을 웃어 보이셨다. 그렇게 걷는 하루 동안 이사장님은 위태로운 우리에게 이사장님의 결혼생활과 사랑에 대해 말씀해 주셨다. 우리가 위태해보였는지 새로운 사람을 만나는 것보다는 현재 만나고 있는 사람과의 관계를 개선해 가며 만나는 것이 더 좋을 수도 있다는 말씀과 함께 그날의 만남은 짧았지만 오랫동안 기억될 추억을 남긴 채 끝이 났다.

이후 3일간 둘만의 올레길을 걸었다. 만나온 시간 동안 나누었던 그 어떤 대화들보다도 진지하고 진솔한 많은 이야기를 나누었다. 함께 걷는 시간 동안 화해를 했고 해답을 찾을 수 있었다. 올레길을 걸으며 서로의 상처가 치유되었을까! 2년 후 2011년 11월 19일에 서명숙 이사장님의 주례로 우리는 결혼식을 올렸다.

결혼 후 우리가 삶을 잘 살고 있는지에 대해선 알 수 없다. 때론 힘들어 '내가 미쳤지, 아들을 셋이나 낳다니… 그냥 혼자서 맘 편히 살 것을'이라는 생각이 들기도 하지만 순간순간 행복감이 느껴지는 걸 보면 그때의 이별여행에서 서명숙 이사장님과의 만남은 운명이었는지도 모르겠다. 이별여행에서 만난 서명숙 이사장님이 아니었다면 어떻게 되었을까! 알 수 없는 일이지만 제주 올레길에서 만난 그 인연이 우리에게 화해할 수 있는 계기를 만들어 준 것은 사실이다.

제주 올레길에서 우리는 귀한 인연을 만났다. 다투고 상처 받아 아파할 때 상처를 아물게 하고 새살이 돋아날 수 있도록 격려하고 위로해 준 인연이었다. 우리가 결혼까지 할 수 있도록 그 뒤로도 많은 조언과 관심을 보내주신 서명숙 이사장님! 내 인생에 있어 결혼이라는 새로운 삶을 시작할 수 있도록 계기를 마련해 주신 고마운 분이시다. 치유의 길! 제주 올레길은, 인연도 만들어 가는 것이라는 것을 알게 해 주었다.

> ### 근자열 원자래 (近者悅 遠者來)
> -가까이 있는 사람을 기쁘게 하면 멀리 있는 사람이 찾아온다.-

1만 시간의 산행이 선물한 체력

사실 아이들은 한 것이 없었다. 그저 아빠가 운전하는 자전거와 엄마의 등에 업혀 있기만 했을 뿐 정말 힘든 건 엄마였지만 그래도 버텨준 우리 아들들이 참 고맙다.

2016년 8월 13~15일은 광복절이 포함되어 있는 연휴였다. 우리 가족은 지인들과 함께 고사포해수욕장으로 캠핑을 떠났다. 첫날은 해수욕장에서 조개를 잡으며 즐거운 오후 시간을 보내고 다음 날은 자전거 하이킹이 예약되어 있었다.

이른 아침 6시, 며칠전 첫 돌잔치를 끝낸 우리 집 막둥이가 가장 부

지런하게 울음으로 우리를 깨웠다. 오늘 예정에 두었던 자전거 하이킹을 위해 바삐 움직였지만 이동을 시작한 시간은 9시가 가까워진 시간이었다. 기상청의 일기예보에 따르면 오늘이 가장 덥다고 한다. 살짝 걱정은 되었으나 이미 계획해 두었던지라 준비를 마치고 신시도로 향했다. 신시도 주차장 공간은 비좁았고 주차하려는 차량은 많았다.

한 시간 가까이 주차할 곳을 찾지 못했다. 결국 주차는 먼 곳에 해야 했다. 덕분에 태양이 가장 이글거리기 시작할 오전 10시가 넘어서야 출발할 수 있었다. 신시도부터 무녀도까지 약 4.5km 지점까지는 차로 이동을 할 수 있도록 도로가 잘 포장이 되어 있기는 했다. 그

러나 도로 끝에는 주차공간도, 자전거 대여점도 없었다. 자전거로 선유도까지 가기 위해서는 신시도에서부터 자전거를 타고 이동해야만 했다.

출발 며칠 전부터 신랑은 아이 셋을 어떻게 태우고 갈 것인가에 대해 고민했다. 먼저 자전거는 짐이 많은 것을 감안하여 앞쪽에 시장바구니가 달려있을 것과 혹시 모를 상황을 고려해서 뒤에도 안장이 달려 있는 것을 선택했다. 그리고는 자전거에 웨건을 연결하고 아이 셋을 웨건에 태우고 가기로 했다. 웨건을 자전거에 꽁꽁 묶었다. 그렇게 준비가 완료되었고 드디어 출발을 했다.

문제는 생각보다 빨리 찾아왔다. 출발 5분도 안되어 둘째가 절대로 웨건에 타지 않겠다며 울어댔다. 또다시 갈 수 있는 방법을 고민해야 했다. 옳거니 둘째는 체형이 작으니 자전거 앞에 매달려 있는 바구니 안에 넣어보기로 했다. 다행히 제자리인 듯 쏙~ 들어갔고 불편해하지도 않았다. 순조로운 출발인 듯했으나 얼마 가지 않아 두번째 문제가 발생했다.

이번에는 큰아이가 웨건에서 내리겠다고 떼를 부렸다. 할 수 없이 큰아이를 내 자전거 뒷자리에 앉게 하고는 엄마 허리를 꼭 잡으라고 몇 차례씩이나 당부를 했다. 큰아이는 이제 겨우 다섯 살, 45개월이었다. 혹시라도 손을 놓을 경우 큰 사고로 이어질 수 있었다. 이제 막둥이가 울기 시작했다. 그러나 조금 달리면 괜찮겠지 하고 달리기를 10여 분…. 울음을 그칠 생각을 하지 않는다. 더운 날씨와 땀으로 범벅이 된 아이가 걱정되었다. 그대로 둘 경우 탈진할 수도 있겠다 싶었다. 뒷자리에 자리를 잡았던 큰아들을 남편 뒷자리로 옮기고 막둥이는 내가 업기로 했다. 다행히 아이는 등에 업혀 울음을 멈추었고 그때부터는 좀 순조롭게 하이킹을 즐길 수 있었다.

문제는 이글거리는 태양이었다. 그해 여름 들어 가장 덥다는 예보를 듣고 오기는 했지만 그늘 한 점 없는 도로는 그야말로 땡볕이었다. 그 더운 날 아기 띠로 아이를 업었으니 등에서는 땀이 비 오듯했고 아이에게서 쏟아진 땀으로 아기 띠까지 범벅이었다. 태양의 열을 직접 받으며 자전거 앞 바구니 속으로 쏙 들어간 둘째는 기특하게도 칭얼대지도 않았다. 뒷좌석의 큰아이도 혹시나 손을 놓을까 걱정을 했지만 아빠 허리를 꼭 잡고 안전하게 앉아 있었다. 우리는 달리다 그늘이 보이기만 하면 잠깐잠깐 휴식을 취했다.

막둥이는 엄마 등에 업혀 내내 잠을 잤다. 그러다 잠깐 잠깐 잠을 깨면 답답하고 더운지 칭얼대기도 했지만 자전거를 타고 이동을 하

면 금세 또 솔솔 부는 바람을 느끼는 듯했다. 그러다 또다시 잠이 들면 한참을 미동도 없다. 와락 겁이 났다. 너무 더운 날에 아이가 살아있기는 한가라는 생각에 아이의 발가락과 손가락을 만져 움직이는지 확인해 가며 자전거를 탔다. 뒤따라오던 일행들도 걱정이 되는지 중간 중간 물었다.

"주연이 너무 안 움직이네. 살아있기는 한 거예요?"
"나도 걱정이 되어 가끔 확인하면서 가고 있어요. 다행히 잘 버텨주고 있어요."

우리가 지나가는 것을 본 마을 사람들과 관광객들은 저마다 '아이고 애들이 고생이네.' 하며 신기해하고 반가워했다. 노상에서 천막을 치고 장사를 하시면서도 애들이 지치겠다고 쉬어 가라며 자리를 내어 주시는 분들도 계셨다. 아직은 사람 사는 냄새가 느껴지는 시골 동네라 흙먼지에 땡볕이라도 버틸 수 있었던 듯하다. '고생은 아빠 엄마가 하는데 왜 애들이 고생한다고 하는지'라는 농담이 나오기도 했다.

뜨거운 태양열에 아이들이 지치지나 않을지 걱정이 되었지만 다행히 아이들은 생각보다 더 잘 버텨주었다. 무모한 부모 덕에 고생

얼마나 태양이 뜨거웠는지 모두들 얼굴이 발갛게 붉어져 있다

하면서도 잘 이겨 내준 아이들이 대견하고 고맙기까지 했다.

그렇게 자전거 하이킹을 마치고 나니 함께하신 분들이 내게 대단하다고 말을 한다. 어떻게 아이를 업고 몇 시간을 자전거를 타느냐며 말이다. 그렇게 다녀오면서 스스로도 같은 생각을 했다. '아직까지 내 체력은 괜찮구나!' 결혼 전 10년 가까이 매 주말마다 다녔던 산행 때문인지 늦은 나이에 결혼을 했음에도 건강하게 아들 셋을 낳을

수 있었다. 아직 그 정도의 체력이 뒷받침되어 준다는 것이 놀라웠다.

우리가 책을 읽다 보면 내공이 쌓인다는 말을 하곤 한다. 훈련과 경험을 통해 안으로 쌓인 실력 말이다. 1만 시간의 법칙이 있다. 10년 가까이의 산행으로 내게도 1만 시간의 법칙이 적용되어 나도 모르는 사이 체력에 내공이 쌓였을까! 이번 여행은 내게 어떤 것을 함에 있어 꾸준함의 중요성과 함께 체력이야말로 모든 행복의 시작점임을 알게 해 주었다.

> **건강은 진정으로 모든 행복과 활력의 뿌리이다.**
>
> −벤저민 디즈렐리−

'포기'는 김치 셀 때만 필요하다

전남 장흥 쪽에 위치한 바람재에서부터 해남 땅 끝까지 이어지는 123km의 땅끝기맥을 2010년 11월에 시작했다. 매월 마지막 주 일요일에 참여하여 2011년 8월 28일에 마쳤다. 매주 하는 산행인지라 완주라는 의미가 그리 특별하지도 않고 대단하지도 않은 것 같지만 참 기뻤다. 처음 땅끝기맥 종주를 제안받았을 때는 아직 1대간 9정맥의 종주가 진행되고 있었고, 하고 있는 공부가 있어 시간이 부족하다는 이유로 거부했다. 그러다 월출산으로, 두륜산으로, 달마산으로 아름답기로 유명한 산들을 이어간다는 매력에 함께하게 되었다.

어떤 산행을 함께할 것인지에 대한 선택은 나에게 있다. 산이 아닌

그 어떤 일에 대한 선택도 나에게 있다. 그걸 권유하고 독려하는 사람도 있지만 결국 선택은 내 몫이고 그 선택에 대한 책임 또한 나에게 있다. 그래서 한번 시작한 산행이라면 포기하지 않고 끝까지 함께하려 했다. 몇 번이고 이번 종주도 중간에 포기하고 싶었지만 그러지 않은 이유 중 하나가 내가 선택한 것에 대한 책임이었다. 그 책임에는 자존심도 있었고 함께하는 팀에 대한 예의도 있었다.

12월부터 2월까지는 쌓인 눈과 칼바람과 함께 오는 추위에 힘들었고, 어느 날은 쏟아지는 빗물에 눈 뜨기조차 힘이 들었다. 그런 날은 땅의 질퍽함과 몸의 꿉꿉함과 끈적임을 이겨내며 산행을 해야 했다. 한여름 찌는 듯한 더위와 습도로 산 정상에서 원치 않는 사우나를 하는 날도 있었다. 밧줄 하나에 몸을 지탱하고 올라야 하는 위험한 상황들도 있었고 그 더운 여름날 태양을 막아주는 그늘 하나 없이 너덜지대암산를 지날 때는 정말 숨쉬기조차 힘든 날도 있었다.

그렇게 힘들고 어려운 산행을 하고 난 이후에는 다시 산에 오고 싶지 않다는 생각이 먼저여야 할 텐데 오히려 힘든 산행 이후에 오는 뿌듯함과 대견함은 평소의 배가 되곤 했다. 때로는 산행을 포기하고 싶어 스틱을 집어던지기도 했고 주저앉아 힘들어 못 가겠다고 아이처럼 투정도 부려 봤다. 어떤 날은 갑자기 스르르 기어 나오는 뱀에 놀라 방방 뛰며 울어도 봤다.

그럼에도 불구하고 산행 이후 감정의 희열과 종주를 마치고 난 후 모습을 상상하며 힘든 산행을 이겨낸 건 아닌가 싶다. 많은 힘든 상황들이 있었음에도 불구하고 끝까지 포기하지 않고 완주를 했다는 사실만으로도 스스로를 인정하게 되었다.

어떤 이들은 보이는 봉우리만을 보며 정상을 생각하는 것 같다. 그러면서 저 봉우리에 오르기만 하면 정상이겠지, 그곳엔 뭔가 있겠지, 특별한 게 있겠지. 오르지도 않고 동경만 한다. 그러나 그건 착각이다. 올라본 사람만이 안다. 자신이 본 봉우리가 결코 정상이 아니란 사실과 하나의 봉우리를 넘으면 또 다른 봉우리가 있다는 사실을 말이다.

그 여러 개의 봉우리를 겨우 넘고 넘어야 정상을 만날 수 있다. 그런데 아무리 힘들고 어려워도 넘지 못할 봉우리란 없다. 또 그 봉우리란 걸 넘고 넘다 보면 체력이 되어 다음 봉우리를 넘을 수 있는 동력이 되기도 한다. 그것이 책이 되었건 경험이 되었건 어떠한 무엇이 되었건 축적되고 축적되어야 비로소 나에게 Power내공이라고 할 수 있을 것이다가 된다.

순간적으로 이루어지는 것은 아무것도 없다. 그래서 그 모든 것에

는 시작이란 것이 최우선 되어야 하지 않을까!! 두려워서? 혹은 게을러서? 혹은 하기 싫어서? 여러 가지 핑계와 이유를 찾느라 시작하지 못한다면 절대로 봉우리도 정상도 만나지 못한다. 시작했다 하더라도 봉우리를 다 넘지 않고 내려오게 되면 어떻게 될까? 다시 바닥에서부터 올라야 한다. 그것이 시작을 했다면 멈추지 말고 끝까지 올라야 하는 이유이다.

포기란 김치 셀 때나 필요하다. 시작했다면 포기하지 말고 끝까지 전진하라. 넘지 못할 벽은 자신의 마음속에만 존재할 뿐이다.

넘지 못할 벽은 그대 마음속에만 존재할 뿐이다.

6장

원칙

공동주택을 유지하는 힘

관리비 고지서를 꼼꼼하게 챙겨 보자

'소장님 32평과 49평 관리비 고지서 좀 보내주실래요?'

카카오톡 알림소리와 함께 메시지가 왔다.

'보내드린 관리비 고지서에 다 나와 있어요. 부과총괄표를 확인해 보세요.'

곧바로 답장을 하고는 30분이 지났는데도 찾았다는 다음 연락을 받지 못했다. 전화를 걸었다.

"확인하셨어요?"

"찾긴 했는데 그게 아니라 승강기 유지비가 우리 집은 13,000원이 나오는데 이게 도저히 이해가 안 가서 말이죠."

승강기 유지비가 아무래도 이상하다는 말에 확인이 필요했다. 사무실 직원에게 부과내역서를 전달받아 확인을 하는 과정에서 나도 놀랄 수밖에 없었다. 다른 세대의 두 배의 요금이 부과가 된 것이다. '순간 이게 뭐지!' 하는 생각과 '아차' 하는 생각이 동시에 들었다.

요즘 대부분의 신규 아파트들은 지하주차장이 있어 승강기 유지비나 승강기 전기요금을 전 층에 부과를 하지만 기존의 아파트들은 1층부터 3층까지는 사용세대에 한해서 부과를 하는 경우들이 다수 있다. 우리 아파트 역시 2층과 3층 세대는 사용세대에 한해서 사용료를 부과한다. 다만 같은 층의 한쪽 세대만 사용을 한다고 할 경우에는 사용하지 않는 세대에는 부과를 하지 않는다. 대신 사용을 희망하는 세대에 양쪽 세대의 사용료를 모두 부과하는 것이다.

이 세대는 3층으로 2005년도 11월부터 승강기를 사용해 왔다. 문제는 처음 사용을 희망했던 세대가 2006년 8월 이사를 가고 새로운 입주자가 이사를 온 것이다. 실수는 이때부터 시작되었다. 이럴 경

우 새로운 입주자에게 승강기 사용여부와 사용료에 대한 안내를 하고 계속 사용할 것인지에 대하여 동의를 구했어야 했다. 만약 두 세대분을 다 납부해야 한다고 했을 경우에는 사용하지 않겠다고 할 수도 있기 때문이다.

이 문제를 바로잡을 수 있는 기회가 한 번 더 있었다. 2012년 바로 그 세대 앞집이 이사를 가고 새로운 입주자로 바뀐 것이다. 그때만이라도 바로잡았더라면 좋았을 일을 그러지 못했다. 2층이나 3층 세대 중에 이렇게 한 세대에만 부과를 하는 경우가 흔한 일이 아니라 담당 직원 뿐만 아니라 나도 생각하지 못했던 것이다.

이렇게 10년간 앞집 요금까지 납부하고 있는지도 모르는 사이 금액은 700,000원이 넘어섰다. 이 사실을 알게 된 세대에서는 당연히 환불을 요구했다. 그러나 이미 2012년까지 사용을 하지 않겠다고 했던 앞집 세대는 이사를 간 후였고 2012년 이후 이사를 온 세대에서는 당연히 본인들이 일부러 납부를 하지 않은 것이 아니니 그 사용분을 한 번에 납부해 달라는 것은 어불성설이었다. 채권의 유효기간은 3년이지만 그 또한 부러 따지지 않았다.

모르고 납부를 못 한 세대에는 관리사무소의 업무 처리 과정의 착오를 인정하고 일정금액의 납부를 부탁드렸다. 모르고 납부를 계속한 세대에는 전액을 환불처리 해드렸다. 물론 환불처리를 관리비에서 할 수는 없었다. 어찌 되었건 관리사무소 직원들의 업무 처리 과정에서 실수가 있었던 부분인지라 그럴 수는 없었다. 앞집에서 부담해준 금액을 제외한 모든 차액을 개인비용으로 책임을 지고 처리해주었다. 실수를 인정하고 책임지는 것이 옳다고 생각되어서였다. 고의든 아니든 관리사무소의 실수로 인해 누군가에게 피해를 줄 수는 없는 일이다.

세대 사모님께서는 이렇게 말씀하셨다.

"잠깐 소장님을 의심했어요. 어! 예산 금액은 3천이 조금 넘는데 내가 납부한 걸 기준으로 전 세대를 계산해 보니 몇천만 원이 사라진 거예요. 이 돈을 다 어디다 썼나 의심했어요."

충분히 할 수 있는 의심이었다. 그 말씀에 이렇게 대답했다.

"의심을 좀 더 빨리 해주시지 그러셨어요."

이제라도 알게 된 것에 대해서 감사드렸다. 시간이 더 흘렀다면 감당하기 더 힘들어졌을 것이다.

아파트에 거주하는 주민들은 관리비 고지서를 제대로 확인하지 않고 납부하는 경우들이 종종 있다. 그러나 관리비 고지서를 꼼꼼하게 살펴보아야 한다. 관리비 고지서에는 어떤 비용이 어떻게 지출되었는지에 대해서 사용 항목별로 상세하게 기재되어 있기 때문이다. 오류를 확인하기 위해서 관리비 고지서를 살펴보라는 것은 아니다. 관리사무소에서 정확하게 일 처리는 하고 있을 테니 그 부분은 믿어도 좋다. 다만 자신이 납부하는 관리비가 어디에 어떻게 사용되는지에 대해서 정확하게 알게 될 때야 비로소 불필요한 오해를 피할 수 있기 때문이다.

> 신뢰는 불필요한 오해를 하지 않는 것이다.

재활용품은 분리수거함에!
일반쓰레기는 규격봉투에!

"소장님 내가 잘못했으니까! 엘리베이터 내부에 있는 사진 좀 떼어주세요. 창피해서 나갈 수가 없어요. 쓰레기를 일부러 그렇게 버린 게 아니고 어쩌다 보니 실수로 그런 것이에요. 다음부터는 잘 버릴 테니 얼른 좀 떼어주세요."

2013년 6월 입주 초부터 문제가 되었던 쓰레기 무단투기를 근절하고자 불법투기 장면을 캡처한 CCTV 현장 사진을 공개하겠다는 안내문을 게시했다. 그리고 실제로 사전에 공고한 대로 7월 1일부터 다음과 같은 안내와 함께 사진을 공개했다.

안내문이 게시되는 것에 대해 몇몇 주민들은 '설마 공개하겠어?!' 라는 생각이었는지도 모르겠다. 대부분의 주민들은 분리수거를 잘 해주었지만 여전히 습관적으로 분리수거를 하지 않거나 규격봉투를 사용하지 않는 세대들이 있었으니 말이다. 물론 어쩌다 실수를 한 분도 있었을 것이다. 실제로 게시한 첫날은 퇴근 후 핸드폰이 빗발쳤다. 실수였다며 엘리베이터 내부에 붙어 있는 사진을 떼어 달라는 주민들의 부탁으로 말이다.

2주일이 넘게 오전시간 내내 쓰레기 처리장을 돌며 불법 쓰레기를 찾아냈다. 버려진 봉투와 분리수거함을 뒤졌다. 그렇게 찾아낸 불법쓰레기는 사무실로 가져왔다. 어느 세대에서 버렸는지에 대한 단서를 찾아야 했다. 사무실 바닥에 신문지를 깔고 모두 뒤엎은 다음 장갑을 끼고 일일이 확인 작업을 했다. 그렇게 해서 단서가 발견되면 해당 세대로 전화를 했다. 불법으로 쓰레기를 버리셨다고 이번에는 안내드리지만 다음번에는 신고할 수밖에 없다는 안내를 한 후 버려진 쓰레기는 다시 가져가서 규격봉투에 담아서 버리라고 했다.

버려진 쓰레기봉투에서 아무리 찾아도 단서가 나오지 않는 경우도 있었다. 그런 쓰레기들은 또 몇 시간씩 CCTV를 검색했다. 그렇게 찾아내어 얼굴을 가린 채 엘리베이터 내부에 사진을 공개했다. 망신을 주고자 하는 건 아니었다. 누군가는 당신이 한 일을 알고 있다는 걸 인지시켜 주고 싶었던 생각이었다. 두 번 다시 실수로라도 불법으로 쓰레기를 버리는 일이 없게 하기 위한 목적이었다.

사진을 부착할 때는 음식물쓰레기를 비닐봉투째 버리는 사람들도 적발해서 붙였다. 비닐봉투 등을 음식물 쓰레기 수거통에 같이 넣으면 안 된다. 음식물 쓰레기는 다시 작업을 거쳐 동물들이 먹는 사료 등으로 재생산되기도 한다고 한다. 살아 있는 동물에게 비닐봉투가 들어간 사료를 먹일 수는 없지 않겠는가! 그렇다 보니 일일이 누군가가 다시 선별해서 빼어내야 한다는 것이다. 버리는 사람이 조금만 주의해 주면 그런 수고로움을 하지 않아도 된다는 말이다.

뿐만 아니라 음식물 쓰레기를 버릴 때는 물기를 최대한 제거하고 버려야 각 세대에서 부담하는 처리 비용도 줄어들게 되어있다. 음식물쓰레기는 그 버려진 양의 무게를 측정해서 비용이 산정되기 때문이다. 미처 생각하지 않고 나 편한 대로만 행동을 하게 되면 우리 집

에서 버린 쓰레기로 인해 이웃 주민들의 처리비용이 올라갈 수 있다. 그 사소한 행동 하나가 남에게 피해를 주게 되는 것이다.

음식물 쓰레기와 관련해서는 또 있다. 불법으로 버리지 않겠다고 생각해서 음식물 쓰레기를 일반쓰레기 규격 봉투 안에 넣는 것도 잘못된 행동이다. 음식물 쓰레기를 일반쓰레기 규격봉투에 넣어서 버린 후 처리장에서 적발이 되면 쓰레기를 실은 차량이 진입도 못 하고 다시 아파트로 되돌려 보내질 수도 있다. 절대로 음식물을 일반쓰레기 규격봉투 안에 넣어서 버리면 안 된다. 모든 쓰레기는 정확하게 분리해서 버려야 한다.

미처 의식하지 못하고 한 사소한 행동 하나 때문에 다수의 선량한 주민들이 피해를 보게 될 수도 있다. 쓰레기를 버릴 때는 반드시 정확하게 분리해서 버려야 한다. 공동주택에서는 '나 하나쯤이야'라는 생각을 버리고 이웃을 배려해야 한다. 많은 사람들이 공존하는 공간이라는 사실을 한시라도 잊어서는 안 된다.

> 우리가 무슨 생각을 하느냐가
> 우리가 어떤 사람이 되는지를 결정합니다.
> -오프라 윈프리-

타인을 배려하는 주차문화

"어제 저녁 전기실 앞 통로에 주차한 차량 때문에 민원이 많이 들어왔다고 합니다. 주민들 중 소장님, 회장님 전화번호를 물어 오시는 분들이 많았다고 하네요."

2014년 12월 어느 겨울날 아침 출근길부터 많이 춥겠다는 것이 예상되었다. 본격적인 추위에 눈까지 내리기 시작했다. 아침 8시 35분, 사무실로 들어서자마자 전일 당직근무자에게 인수인계를 받은 교대근무자가 투덜대고 있었다. 누군가 지하주차장에 또 개념 없이 주차를 했단다. CCTV를 검색해보니 주차를 해서는 안 되는 통로를 가로막았다. 그것도 늦은 시간도 아닌 저녁 7시 38분에 주차를 하고 올

라가는 것이 확인이 되었다. 그 이후 다수의 민원이 접수되었고, 당직근무자는 이동주차를 요구하는 전화를 여러 차례 했다는 것이다.

그러나 차는 다음 날 아침 7시 30분이 넘어서야 이동을 했다. 그 사이 관리사무소에는 다수의 민원이 접수되었으니 직원들의 고생이 눈에 훤했다. 전기실 앞을 가로막으면 좌에서 우로, 우에서 좌로 이동을 하려는 차들이 전혀 통행을 하지 못하게 된다. 앞으로 직진을 할 수 없으니 후진을 해서 돌아서 다른 쪽 라인으로 넘어가야 하기 때문에 절대로 주차를 하여서는 안 되는 위치이다. 그런데 해당 주민은 자신의 편의를 위해 다른 사람들의 불편쯤은 모른 체한 것이다.

한 사람의 이기적인 생각으로 인해서 많은 입주민들이 불편을 겪었을 것은 불 보듯 뻔한 일이다. 아무리 하찮은 일이라 하더라도 입주민들이 협조해주지 않는다면 관리사무소에서는 어찌할 방법이 없다. 출근하자마자 민원을 해결해야 했다. 전화번호를 물어 온 주민들에게 전화를 걸어 상황을 설명해야 했다. 우리의 입장을 이해해주셔서 다행이었지만 그렇지 않았다면 그냥 변명에 지나지 않았을 것이다.

한겨울철에는 아파트 지하주차장은 늘 전쟁이다. 차량 한 대 주차할 수 있는 공간만 있으면 너 나 할 것 없이 지하에 주차하려 하기 때문이다. 그런데 주차를 할 때도 반드시 지켜져야 하는 몇 가지 원칙이 있다. 다른 차량의 이동에 방해가 될 만한 곳은 절대 주차를 해서는 안 된다. 예를 들어 지하주차장 입구라든지 통로 입구에는 절대 주차를 해서는 안 된다. 안전에 많은 영향을 미치기 때문이다.

우리가 살면서 지켜야 하는 것은 어쩌면 그리 많지 않을지도 모른다. 기초질서! 이 한 단어에 너무 많은 것들이 포함되어 있는지는 모르겠으나 기초질서란 상식적으로 너무 어긋나지만 않는다면 괜찮을 듯하다. 상식의 기준은 살아온 환경, 성격, 인격 기타 등등에 따라 어쩌면 많은 개인차를 가지고 있을지도 모르겠다. 그러나 특별하지 않은 일반적인 사람들은 대부분 서로 통하는 상식을 가지고 있으리라 생각된다.

상황을 설명해야 하는 것이 억울해서가 아니다. 자신의 편의도 중요하지만 타인을 생각하는 약간의 배려만 있다면 누군가의 불편이 줄어들지 않을까. 특히나 공동주택에서 생활을 한다면 자신의 행동 하나로 인해서 타인에게 불편을 주는 일이 없을까에 대한 고민을 한번쯤 해봐야 한다.

상식이 통하는 기초질서란 주차장 이용만을 이야기하는 것은 아니다. 다수가 이용하는 계단이나 지하주차장에서 담배를 피우지 않는 것, 엘리베이터나 계단 등 공용시설물을 깨끗하게 이용하는 것,

쓰레기 분리수거를 잘하는 것, 층간소음을 최소화하는 것 등 많은 것들이 있을 것이다.

공동주택에서 살아가면서 사소한 듯 중요한 기초질서를 잘 지키는 것만으로도 사람 냄새 나는, 더불어 살아가는 문화를 만들 수 있는 건 아닐까? 나는 어떤 상식을 가지고 살아가고 있는가! 나는 어떤 상식이 기준이 되어 남들에게 피해를 주지 않고 살아가고 있는가! 같이 살아가는 공동체 문화에서 이기심을 버리고 타인을 배려하는 마음을 조금만 가져본다면 어떨까 하는 생각을 해본다.

공동주택 기초질서! 역지사지易地思之해 보면 답이 나온다.

층간소음의 현명한 해결책

"위층이에요. 이사를 왔는데 인사를 못 드려서요. 우리 아이들이 셋이라 좀 뛰어다닐 텐데 양해 좀 부탁드릴게요."

새로 입주를 한 후 얼마 지나지 않아 위층 세대도 이사를 왔다. 며칠 후 키 크고 인상 좋게 생긴 아이 엄마와 아이들이 떡을 가지고 우리 집을 방문했다.

"아니에요. 괜찮아요. 아이들이 다 그렇죠, 뭐! 맘껏 뛰어 놀게 하세요."

그 말과 함께 세대로 돌아간 아이들은 마구 뛰어다니기 시작했다. 그때 신랑은 농담처럼 이렇게 말했다. "이제 대놓고 막 뛰네… 조금만 뛰라고 하지 그랬어.", "그럴 걸 그랬나? ㅎㅎ" 우리 집도 아이가 벌써 둘이었기 때문에 우리 부부는 다 이해하고 넘어가기로 했다.

결혼을 하면서 아이에 대한 계획이 없었던 우리는 위층에서 발생하는 층간소음을 피하고자 최상층 세대로 입주했다. 그러나 결혼을 하고 일 년 만에 첫아들을 낳게 되었다. 6개월 만에 둘째를 임신했다. 또 아들이었다. 사내아이만 둘이 되다 보니 이제 아래층과 층간소음이 발생할 것은 불을 보듯 자명한 일이었다. 고민 끝에 포기를 하고 아이들을 위해 1층으로 이사를 했다. 아이가 셋이나 되는 위층을 만나리라고는 생각도 못 했지만 말이다. 똑같이 아이를 키우는 입장에서 위층 아이들이 뛰어 노는 것에 눈치 보게 하고 싶지는 않았다.

그러다 몇 개월이 지나 엘리베이터에서 우연히 위층 아이들과 엄마를 다시 만나게 되었다. "안녕하세요." 반갑게 인사를 하고는 장난 삼아 "너희들 조금만 뛰어."라고 했다. 그랬더니 엄마의 반응이 "거봐, 조금만 뛰라고 했지?" 하면서 죄송하다고 하는 것이다. '아이고, 실수했구나!' 싶었다. "아니에요. 그냥 해본 소리예요. 괜찮아요."라고 말을 했지만 미안한 마음이 들었다. 신랑은 이후 "이왕 봐주기로 한 거 그냥 두지 뭘 또 얘기를 해."라고 하는 것이다. 난 그저 그냥 장난치듯 한 것인데 괜한 소리를 했다는 생각을 지울 수는 없었다.

그 뒤로도 위층 세대는 미안한지 가끔 전을 부쳐서 가져오기도 하고 빵을 사오기도 했다. 괜찮다고 신경 안 쓰셔도 된다는 얘기를 여러 번 했는데도 마음이 편하지 않은 모양이었다. 이렇게 노력하는 위층에 또다시 층간소음에 대해서 말할 수는 없다. 현실적으로 불가능한 것에 대한 집착을 버리기로 했다. 오히려 소통하기 위해 노력해 주는 모습에 미안하고 고마운 마음이 들었다.

층간소음은 대부분 위층이 아래층에 영향을 준다고만 생각하는 경우들이 많지만 반드시 그런 것만은 아니다.

리더스클럽을 통해서 알게 된 한 선생님이 층간소음을 문의한 적이 있다. 위층에서 피아노를 시도 때도 없이 치는 바람에 스트레스가 장난이 아니라는 것이다. 피아노 소리가 나면 남편이 자신의 집 천장, 그러니까 위층 바닥이 울리도록 무엇인가로 친다고 했다. 그러나 아무리 두드려대도 위층에서는 모르쇠로 일관한다고 했다. 이야기를 듣다 보니 무언가 오류가 있을 수 있다는 생각에서 되물었다.

"혹시 아래층에서 치는 피아노 소리는 아닐까요?"라고 물었다. 그러자 "소리가 아래에서도 올라올 수가 있나요?" 하는 것이다.

당연히 올라올 수 있다. 대부분 아이들이 쿵쾅거리는 소리나 발걸음 소리, 탁자 끄는 소리 등 진동이 느껴지는 소음은 바로 위층이거나 대각선 위층 세대일 확률이 높다. 그러나 그 외 악기소리 등은 아래층일 확률이 더 높다. 소리는 아래에서 위로 올라가는 것이 일반적이다.

층간소음은 조금만 주의를 해도 많이 완화할 수 있다. 예를 들어 발걸음 소리가 울린다고 하면 슬리퍼를 착용하는 것, 의자 긁힘의 소음은 의자 다리에 충격완화 장치를 부착하는 것, 문 닫는 소리는 천천히 조심해서 닫아주는 것, 아이들이 있는 집에서는 충격완화 매트를 깔아주는 것과 더불어 밤 10시 이후에는 조심스럽게 행동하는 것 등이 있을 수 있다. 물론 이렇게 한다고 하더라도 층간소음을 완전히 해소할 수는 없겠지만 노력해 주어야 하는 부분이다. 더불어 아래층에서는 지속적이지 않은 잠깐의 소음에 대해서는 이해해주는 아량도 필요하다.

아파트는 불특정 다수가 거주하고 있는 곳이지만 내면 깊숙이 들어가 보면 그 안에 정을 담고 살아가고 있다. 층간소음을 해결하기 위해 환경부에서 주관하고 한국 환경 공단에서 운영하는 층간소음 이웃사이센터라는 곳에서 무료로 소음을 측정하고 층간소음을 해결하기 위해 노력해 준다고는 하지만 근본적인 해결책을 찾기란 쉽지 않을 것이다.

위아래 층간의 층간소음을 해소할 수 있는 가장 좋은 방법은 서로 간에 배려와 이해이다. 100% 층간소음을 없앨 수는 없다. 결과적으로 누군가의 노력이 필요하다. 피해를 주는 세대와 받는 세대가 있을 것이다. 그럴 경우 피해를 주는 세대에서 층간소음 최소화와 지속적으로 소통하기 위한 노력을 해 보면 어떨까 한다. 우리 윗집처럼 말이다. 웃는 얼굴에 침 못 뱉는다고 했다. 엘리베이터에서 만나면 반갑게 인사하고 서로 소통하기 위해 노력한다면 의외로 간단하게 해결될 수 있는 부분이 층간소음일 수도 있다.

이웃 간의 소통과 배려! 층간소음의 해결책이다.

웃음으로 신뢰를 쌓아라

"관리사무소 직원들이 불친절하다고 민원이 들어왔는데 말이야."

어느 날 본사 인사담당 상무님께 전화가 왔다. 아파트 입주민이 관리사무소 직원들이 친절하지 않다며 민원을 제기했다는 것이다. 그 말에 나의 대답은 이랬다.

"그럴 리가 없는데요. 우리 직원들이 얼마나 친절한데요."

돌아오는 답은 이랬다.

"전혀 아닌데 연락이 왔겠어? 관리사무소장도 인사를 안 하고 뻣뻣하대."

민망했다. 그동안 착각하고 있었다. 아파트 단지 순찰을 할 때면 항상 만나는 주민마다 웃으며 인사하려 노력했다. 다만 나를 모르는 것 같거나 혹은 내가 잘 모르는 사람이면 머쓱하게 스쳐 지나갔다. 어디서부터 잘못되었는지에 대해서 누구보다 더 잘 알고 있었다.

요즘 아파트 관리사무소를 바라보는 시선들이 좋은 편은 아니다. 이런 시대에 관리사무소 직원들과 주민들 간에 갈등을 해소할 수 있는 방법이 무엇일까에 대해 고민을 한다. 그 방법 중에 하나가 직원들과 주민들 간에 신뢰를 쌓고 간격을 좁히는 것이지 않을까! 그 중에 하나가 친절이라고 생각한다.

다음 날 전 직원 조회시간에 아파트 주민들이 관리사무소 직원들을 의아하게 생각할 정도로 열심히 웃으며 인사를 해보자고 제안을 했다. 그리고 나부터 시작했다. 직원들은 쑥스러워했다. 그러나 어떤 일이든 한순간에 이루어지지는 않지만 꾸준히 하다 보면 직원들의 태도도 분명 바뀔 것이다.

이후 직원들에게 다시 건의했다. 택배를 배달하는 배달사원들에

게도 먼저 인사를 해보자고 했다. 아파트에 택배를 배달하는 분들이 관리사무소 직원들에게 친절하지는 않다. 택배 업무는 엄밀히 따지자면 관리사무소의 업무는 아니다. 다만 주민의 편의를 위해서 서비스 차원으로 관리사무소 직원들이 수고를 하는 것이다. 그럼에도 택배를 두고 가는 배달사원도 택배를 찾아가는 주민들도 모두 관리사무소 직원들의 수고로움을 생각해 주는 사람은 많지 않다.

과일이나 생선 등의 생물이 상하거나 물건이 분실될 경우 관리사무소에 항의를 하는 일은 있어도 '택배가 많아 고생하시겠어요.'라고 말하는 주민들은 극히 소수다. 명절에는 택배가 넘치고 넘쳐 관리사무소 직원들이 다른 업무를 전혀 할 수 없을 정도이다. 상황이 이렇다 보니 당연히 직원들도 택배직원들에게 친절하지 않다. 그럼에도 불구하고 나 스스로에게도 직원들에게도 끊임없이 요구하고 요청했다. 다들 관리사무소 직원들의 태도가 변했음을 감지할 정도로 친절하자고 말이다.

사람이 한순간에 변할 수는 없다. 직원들 또한 갑자기 바뀌지는 않았다. 현재도 노력하고 앞으로도 노력해야 할 부분이기도 하다. 다만, 말이라도 우리 직원들이 친절해지기를 원하면서부터 나부터 좀 더 부드러워진 듯하고 직원들 또한 좀 더 개선된 듯하다. 처음엔 못들은 척하던 택배기사님들도 요즘엔 먼저 인사를 하기도 한다.

사람은 언제 어떠한 인연으로 다시 만나게 될지 모른다. 특히나 전주처럼 좁은 동네에서는 한 다리 건너면 다 안다고 할 정도로 사람의 인연은 언제 어떻게 이어질지 모르는 것이기도 하다. 상대방에게 친절해서 나쁠 것은 없다. 친절은 배려에서 시작된다. 사무실 직원들의 진심에서 우러나오는 친절이야말로 주민들에게 진정성 있게 다가설 것이다. 그 진정성이 발휘될 때야 비로소 주민과 직원 간의 신뢰가 형성될 것이다. 그날이 오기를 기대해 보며 오늘도 좀 더 많이 웃고 좀 더 친절하기 위해 노력한다.

> 사람은 함께 웃을 때 서로 가까워지는 것을 느낀다.
>
> – 윌리엄 제임스 –

화장실 바닥 배관설비는 내 것이다

"우리 아랫집 화장실 천장으로 누수가 된다는데 관리사무소에 연락을 했더니 나더러 공사를 하라는 거야. 이게 말이 돼? 우리 집도 아닌데 내가 누수가 되는지 어떻게 아느냐 말이야. 내가 공사해야 되는 거야?"

평소 잘 알고 지내던 친한 언니에게 연락이 왔다. 아랫집 화장실 천장으로 누수가 되는데 그걸 왜 본인이 해야 하느냐고 묻는 것이다. 관리사무소에서 처리를 하는 것이 맞지 않느냐고 물어왔다. 언니는 집을 본인이 짓지도 않았고 더군다나 화장실 배수배관은 눈에 보이지도 않는다는 것이다.

많은 사람들이 공통된 생각을 하고 있을 것이다. 집은 사업 주체에서 지었고 내 눈에도 안 보이고 또한 우리 집에는 피해가 전혀 없는데 '내가 왜?'라고 생각하는 사람들이 많을 것이다. 그러나 아파트도 우리가 사서 쓰는 가전제품이나 자동차 등과 똑같이 생각해보면 답이 나온다. 우리가 사용하는 가전제품에는 A/S 기간이라는 것이 있다. 품목에 따라 1년, 2년, 3년 등 다양하다.

언니에게 이렇게 답변해주었다.

"언니가 공사해야 하는 게 맞아. 이유를 간단하게 설명해줄게. 언니 집에서 냉장고랑 세탁기 등 가전제품 구입해서 사용하지? 그때 운이 좋으면 10년을 사용해도 고장이 없지만 정말 운이 없을 때는 무상서비스 기간이 딱 지나고 고장이 나는 경우가 있잖아. 냉장고랑 세탁기를 언니가 만든 것도 아니고 그 안에 있는 부품이 눈에 보이는 것도 아닌데? 고장 났을 때는 어떻게 해?"

"내 돈 들여 A/S 받지"

"그래, 그렇지. 뭐 A/S 기간이 딱 지나고 고장이 나면 좀 억울한 경우도 있긴 하지만 어쨌든 내가 내 돈으로 고칠 수밖에 없거든. 아파트도 똑같아. 내가 짓지도 않았고 눈으로 보이지도 않지만 화장실

바닥에 붙어있는 배관은 내가 사용하는 내 것이지. 그래서 공정별로 하자 보수 기간이라는 게 있는데 설비파트는 보통 2년 정도 되거든. 그런데 언니 아파트는 입주한 지 꽤 지났잖아. 하자 보수 기간이 지났을 거야. 그래서 언니가 부담해야 되는 거야….”

“그러게. 듣고 보니 그 말이 맞긴 한데. 좀 억울하긴 하다.”

주민들 중에는 이렇게 공용부분과 전유부분에 대해서 정확하게 모르는 경우들이 많이 있다. 눈에 보이지는 않지만 자신의 집 화장실 바닥에 붙어 있는 배관은 분명히 자신의 것이다. 건물 벽도 마찬가지다. 건물 내벽은 내 것이지만 외벽은 내 것이 아니다. 그래서 건물 외벽에 균열이 발생하면 대부분은 외벽 도장 공사 시 장기 수선 충당금을 사용하여 보수를 하고 세대 내부에 발생하는 균열은 세대에서 책임져야 한다. 이런 경계에 대한 것을 정확하게 모르는 입주자들은 가끔 관리사무소에 항의를 하는 경우들이 종종 있다.

세대 내에 있다고 하더라도 공용부분으로 간주되는 것이 있기도 하다. 화재가 발생할 경우 전 세대의 안전과 관련이 있는 스프링클러 설비가 그러하다.

주민들이 공용부분과 전유부분에 대해서 잘 모르는 부분 중에 또 하나가 바로 발코니 난간이다. 발코니 난간은 건물 외벽에 부착되어 있는 것으로 공용부분으로 포함된다. 그러나 특정 사고가 있을 경우 세대주는 입주자대표회의와 함께 난간을 사실상 지배하면서 일정한 관리책임을 부담하는 공용점유자로 인정한다는 판례도 있다. 개인세대의 발코니 난간에 이상이 있을 경우에는 이와 같은 이유에서라도 발견 즉시 관리사무소에 민원을 제기하여 신속하게 처리해야만 자신에게 책임이 돌아오지 않는다.

보이지 않는 곳이라고 해서 내 것이 맞긴 하지만 고치지 않겠다? 이런 일은 있을 수 없다. 그로 인해 이웃주민이 피해를 볼 수도 있기 때문에 반드시 수리를 해야 한다. 아파트는 많은 사람들이 함께 살아가는 공동체이다. 정확히 알고 나도 남도 피해 보는 일이 없도록 서로 배려하며 더불어 살아가야 한다.

관리사무소를 향한 관심과 믿음

"철쭉나무 자르지 마세요. 그렇게 자르시면 내년에 꽃을 볼 수가 없어요."

우리 아파트에서 철쭉꽃을 보지 못한 것은 몇 해 전부터다. 아파트 주민 중 한 분이 관리사무소 직원들이 철쭉나무를 전지한 이후 웃자라 올라오는 가지들이 보기 싫다며 8월 말이나 9월 초 그것을 가위로 직접 잘라내 버렸다. 때문에 해마다 5월이면 한참 만개해 있어야 할 철쭉꽃이 몇 년간 제대로 피질 못했다. 철쭉인지 회양목인지 알수 없을 정도로 삭막했다. 다른 아파트의 철쭉은 활짝 만개해서 붉은빛, 분홍빛, 흰빛을 뽐내고 있는데 우리 아파트의 철쭉은 회양목이 되어버렸다.

철쭉은 통상 꽃이 지고 난 직후 전지를 해주어야 그 다음 해에 아름다운 꽃을 볼 수가 있다. 전지를 하고 2주 이상 잘린 가지가 아무는 시간을 지내고 6월 하순부터 8월 상순에 꽃눈이 형성되어 그 다음해 5월 아름다운 꽃으로 만개하기 때문이다.

해마다 꽃이 피지 않는 철쭉나무를 보면서 아쉬웠다. 더 예쁘고 아름다운 꽃이 피어날 수 있도록 가꾸어주고 싶지만 경우에 따라서는 뜻대로 할 수 없게 되는 상황들 때문에 말이다. 비단 철쭉 전지만을 이야기하는 것은 아니다. 무엇을 원하든 관심을 보이는 주민분도 아파트를 위해서라는 것은 알고 있다. 관심은 당연히 있어야 하지만 그에 따른 판단은 관리사무소장에게 맡겨 주어야 한다.

관리사무소장은 전문가다. 자신의 전문성을 키우기 위해 끊임없이 저마다 노력하고 공부를 한다. 주민들은 관리사무소장이 자신의 역량을 최대한 발휘할 수 있도록 관심을 가지고 지속적인 응원을 해주어야 한다. 다만, 관심이 지나쳐 간섭이 되는 일은 없으면 좋겠다. 관리사무소장이나 직원들을 위해서가 아니라 이웃 주민들을 위해서다. 아파트는 한 사람의 사유물이 아니다. 자신이 옳다고 생각되겠지만 나와 다른 생각을 가진 사람은 얼마든지 있을 수 있다. 자신의 뜻만 고집해서는 안 된다.

일례로 같은 1층에 살면서도 나무를 잘라서 환하게 살고 싶은 사람이 있는가 하면 어떤 사람은 숲으로 우거진 아파트 단지를 원하는 주민도 있다. 그나마 1층 세대에서 자르지 말라고 하면 다행이다. 같은 라인에서 1층은 잘라 달라, 2층은 자르지 말라 하면 어느 세대의 뜻에 맞춰야 할지 난감한 경우도 있다. 아파트 단지의 나무를 어디까지고 키울 수도 없다. 적당한 높이에서 꼭 필요한 것이 전지이기도 한다. 이럴 경우 관리사무소에서는 어느 한쪽의 의견만에 동의할수는 없다. 관리자의 주관에 의해 절충안을 찾아야 한다.

몇 개월 전의 일이다. 아파트 중앙로는 단지를 관통하는 통로이다. 그런데 중앙로 도로변에 주차를 하는 차들이 있었다. 이것을 방지

하고자 한쪽 차선에 커다란 화분들을 내려놓고 16년을 넘게 관리해 왔다. 그러나 출퇴근 시간 차량 두 대가 교차할 수 없는 불편을 느껴 오시던 주민께서 화분을 치워줄 것을 건의해 오셨다. 밤사이 도로변에 주차하는 차량이 있을 경우 더 심각한 상황이 발생할 수도 있었지만 관리의 입장만을 고집하지 않았다. 충분히 공감 가는 부분이었다.

주민의 의견에 따라 화분을 먼저 치우고 이후 상황을 지켜보며 다른 방법을 연구해 보고자 했다. 그런데 화분을 치운 지 7개월이 되어가도 중앙로 도로변에 주차를 하는 주민들이 없다. 아파트 주민들은 대부분 의도를 알고 부족한 주차상황에서도 질서를 지켜주고 있다. 이처럼 관심을 가지고 의견을 제시해 줄 경우 적극적으로 반영하고 개선하려고 노력한다.

입주자 입장에서 관리사무소에서 하는 일에 관심을 가지고 지켜봐야 하는 것은 당연한 일이다. 우리 속담에 사공이 많으면 배가 산으로 간다는 말이 있다. 아파트 관리도 다르지 않을 수 없다. 입주자들은 전문가가 전문성을 발휘해서 관리를 해 나갈 수 있도록 믿어주고 지지해 주고 지켜봐주어야 한다. 기억해 주시길 바란다. 자신과 다른 뜻을 가진 주민들은 얼마든지 있다는 것을 말이다.

신뢰가 답이다

"일을 하면서 실수는 할 수 있다. 돈에 욕심만 내지 않고 털어서 먼지 안 나오게 하면 된다."

예전 아파트 관리사무소에서 경리직원으로 근무할 때 일이다. 당시 입주자 대표 회장님은 항상 이 말씀을 하셨다. 너무도 지당하신 말씀이셨다.

입주자 대표 회장님은 초등학교 교장선생님으로 정년퇴임을 하신 82세의 할아버지셨다. 회장님은 월요일부터 토요일까지 매일 오전 10시면 정확히 출근을 하셨다. 퇴근시간도 있다. 정오 12시였다.

그때 직원들끼리 붙여드린 별명이 '칸트'였다. '칸트'는 규칙적인 생활로도 아주 유명하다. 시간이 얼마나 정확한지 마을 사람들은 그의 산책시간에 따라 시계를 맞출 정도였다는 얘기 때문에 회장님 별명은 칸트로 붙여졌다.

출근을 하신 회장님은 대략 한 시간가량 그날 신문을 정독하셨다. 그리고 나머지 한 시간 동안 학교 이야기, 군대 이야기, 인생 이야기 등의 이야기보따리를 펼치셨다. 통상적으로 회장님을 대하는 건 당시 관리사무소장님이셨다. 그러나 소장님이 안 계실 때 그 일은 내 몫이 되었다. 같은 이야기를 매번 반복해서 들어야 했다. 힘들었던 시간이었지만 기억에 남는 두 가지가 있다.

그중 하나는 '일을 하면서 자신 있게 해라. 일이 잘못되면 실수를 인정하고 바로잡으면 된다. 그러니 일을 하면서 걱정하면서 하지는 말아라. 실수도 하면서 배우는 것이다.'라고 하셨다. 그전까지는 실수를 하면 절대 안 되는 것으로 생각했다. 일은 꼼꼼하게 실수 없이 해야만 하는 것으로 알고 있던 내게, 회장님이 해주신 말씀은 일에 대한 두려움도 떨쳐낼 수 있는 계기가 되었다.

또 다른 하나는 그때부터 내 일에 있어서 신념으로 삼고 있는 것이기도 하다. 다름 아닌 돈에 있어서는 '털어서 먼지 안 나오게'이다. 일에 대한 두려움을 떨쳐내고 나서부터는 돈을 대하는 나의 자세만 바

275

로 세우면 되었다. 앞으로도 이 신념은 변하지 않을 것이다. 어느 누구를 위해서가 아니라 나를 위해서.

아파트 비리로 전국이 떠들썩하던 때가 있었다. IMF가 닥쳤던 1998~1999년 사이 아파트에 대한 대대적인 조사가 이루어졌다. 당시 경리직원으로 근무를 하고 있었다. 근무하던 아파트에서도 조사가 이루어졌다. 경찰서에 불려가서 조사도 받았다. 결과는 모두 무혐의였다. 물론 참고인 조사였다. 그 당시 모시고 있던 입주자 대표 회장님이나 관리사무소장님의 개인적 착복이나 비리가 전혀 없었기 때문에 무혐의 처분을 받는 것은 당연한 결과였다.

현시대엔 절대로 있을 수 없는 일이지만 당시만 해도 크고 작은 공사를 시행하면 업체에서 십만 원 정도의 사례비를 주는 일은 관행이었다. 다니던 아파트에서도 그렇게 모아지는 돈이 일 년이면 몇 십만 원 정도는 되었다.

당시 입주자 대표 회장님은 사례비가 들어오면 그 돈을 경리 담당인 내게 관리를 하게 했다. 모아지는 돈으로 직원들 회식도 시켜주고 직원들 애경사가 발생을 하면 챙겨주기도 했다. 아파트에서는 직원들에게 애경사가 발생하더라도 아파트 단체명으로 지출될 수 있는 항목이 없다. 회장님은 항상 그 부분을 미안해하셨고 그런 돈을 모아서 아파트 이름으로 직원들에게 전달하곤 하셨다. 나름 공정하고 투명하게 사용을 했다.

경찰조사가 한참 이루어질 때는 엄청난 문제인 것으로 누군가 신고를 했다. 비자금을 관리한다 하여 경찰에 불려가서 참고인 조사를 받아야 했다. 그때 얼마나 많은 아파트 비리가 적발되었는지에 대해서는 알지 못한다. 다만 내가 아는 한 입주자 대표 회장이나 관리사무소장이 개인적으로 착복을 한 경우는 없다. 그 이후 아파트 계약이나 공사 관련하여 대대적인 변화의 바람이 불어왔다. 관행으로 이어지던 일들은 절대로 있어서는 안 되는 일이 되어 당연 사라질 수밖에 없었다.

그 뒤로 15년이 지난 후인 2014년부터 다시 대대적인 아파트 횡령 등에 대해 조사하기 시작했다. 먼저 수도권에서 시작된 적발 사례 등은 모 일간지의 연재로 인하여 마치 모든 아파트 관리사무소에서 일어나고 있는 것처럼 비추어졌고 그로 인해 입주민들이 관리사무소나 입주자대표회의를 불신하는 시발점이 되기도 했다.

아파트 관리사무소에서 1년을 운영하는 관리비는 직원들의 인건비를 제외하고는 그리 많지 않다. 그 비용 중에서 횡령을 하기란 어려울 뿐만 아니라 관행의 리베이트도 이미 사라진 지 오래다. 요즘 아파트 관리사무소장은 자격증을 걸고 일을 하는 전문가 집단이다.

돈 몇 푼에 욕심을 냈다가 자격증이 취소되면 생계까지 위험해진다. 때문에 자존심을 버리고 욕심을 내는 사람들은 많지 않을 것이다. 대다수의 아파트에서는 투명하게 관리를 할 수밖에 없는 시스템으로 바뀐 지 오래다.

이채 시인의 시 중에 '밉게 보면 잡초 아닌 풀이 없고 곱게 보면 꽃 아닌 사람이 없으되'로 시작하는 시가 있다. 내가 살고 있는 아파트의 직원들이나 동 대표들을 밉게 보면 한없이 의심스러울 것이고 곱게 보면 믿게 되고 지지하게 될 것이다. 그들은 당연히 그 믿음에 배반하지 않기 위해 더 열심히 정직하게 일할 것이다. 아파트 입주자 대표회의와 입주민 그리고 관리사무소가 하나의 공동체를 형성하면서 상생할 수 있는 가장 기본적인 원칙은 바로 서로 간의 신뢰를 저버리지 않는 것이다.

마음이 아름다우니 세상이 아름다워라

시_이채

밉게 보면
잡초 아닌 풀이 없고
곱게 보면
꽃 아닌 사람이 없으되
내가 잡초 되기 싫으니
그대를 꽃으로 볼 일이로다

털려고 들면
먼지 없는 이 없고
덮으려고 들면
못 덮을 허물없으되
누구의 눈에 들기는 힘들어도
그 눈 밖에 나기는 한순간이더라

귀가 얇은 자는

그 입 또한 가랑잎처럼 가볍고

귀가 두꺼운 자는

그 입 또한 바위처럼 무거운 법

생각이 깊은 자여!

그대는 남의 말을 내 말처럼 하리라

겸손은 사람을 머물게 하고

칭찬은 사람을 가깝게 하고

넓음은 사람을 따르게 하고

깊음은 사람을 감동케 하니

마음이 아름다운 자여!

그대 그 향기에 세상이 아름다워라

'신뢰'로 엮어낸 17년을 돌아보며

"참 오래 다녀요. 잉~ 소장님은 언제 간대?"

15년 차를 넘기는 즈음해서 입주 초기부터 살고 있는 입주민 한 분
께서 건네신 말씀이다.

"그러게요. 오래 다녔네요. 곧 어디론가 가겠지요."

대답을 하고 뒤돌아서서는 서운한 마음이 컸다. 열심히 성실히 했다고 생각했는데 곱게만 보이지는 않는다는 현실에 다시 한 번 직면하고는 씁쓸한 미소를 지었던 기억이 있다.

관리사무소장을 비롯하여 직원들이 장기근속을 하게 되면 많은 장점이 있다. 그 장점을 모두 열거할 수는 없지만 단적인 예로 입주부터 관리를 해온 나의 경우, 아파트 시설 곳곳의 변화된 역사를 알고 있다. 뿐만 아니라 도면과 장기수선계획서를 별도로 확인하지 않아도 될 정도이다. 때문에 유사시 처리방법이나 처리순서에 대한 빠른 판단이 가능하다. 당연히 입주민들은 불편을 최소화하고 최대의 서비스를 받을 수 있다. 장기근속 직원은 아파트 입주민들의 자산이다. 풍부한 자산을 소유할 것인가 말 것인가에 대한 선택은 입주민들에게 있다.

책을 써보겠다고 생각했던 이후 8년 만에 책을 마무리 지었다. 처음 생각했던 방향과는 달리 많은 변화가 있었다. 아파트에서 일어나는 입주민들의 이야기를 에피소드 형식으로 재미있게 풀어내 보고 싶었다. 그러나 열심히 청렴하게 일을 하면서도 인정받지 못하고 오해 받는 현실이 답답했다. 주택관리사 관리사무소장들이 입주민들과 상생하기 위해 얼마나 많은 공부를 해야 하고 불의와 타협하지 않기 위해 노력을 기울여야 비로소 신뢰를 쌓을 수 있는지 전달하고 싶어졌다.

내가 겪은 일과 방법이 정답이라고 말하는 것은 아니다. 책을 읽으며 다른 오해는 없길 바란다. 각자의 방법이 있고 노하우가 있을 것이다. 아파트 별로 시스템도 다를 것이다. 현재의 자리에서 나름의 방법을 찾고 해결해 나간다면 그것이 정답이 될 것이다. 다만 나는 나의 이야기를 했을 뿐이다. 관리사무소장들을 비롯해서 현장에서 근무하는 많은 아파트 관리사무소 직원들이 자신의 일에 만족하며 입주민들과 상생할 수 있기를 희망한다.

17년을 홍건삼천2차아파트에서 근무를 하며 공부를 했고 결혼을 했고 아이를 셋을 낳았다. 5년 단위로 세 번의 다짐을 통해 15년을 넘겨 17년을 함께했다. 그러나 아직 20년의 목표를 세우지 않았다. 치열했지만 행복했고, 사랑했고, 감사했고 한편으로는 희망이 되어준 이곳에서 얼마의 시간을 더 함께하게 될 것인지에 대해서는 알 수 없다. 다만 떠나는 마지막 뒷모습이 부끄럽지 않게 최선을 다할 것이다.

부족했던 나에게 기회를 주었던 대한주택관리(주) 김종철 회장님, 17년의 세월 동안 믿어주고 지지해주고 응원해 주신 홍건삼천2차아파트 동 대표님들과 입주민들, 함께해 온 직원들에게 감사의 인사를 전한다. 그리고 존경하고 사랑하는 나의 신랑 이우신 님과 소중한 나의 보물 한규, 채민, 주연, 사랑하는 엄마 문은순 여사님께 이 책을 바친다.

　마지막으로 끝까지 포기하지 않고 이 책을 마무리 지을 수 있도록 도와준 시너지 책쓰기 코칭센터의 유길문, 이은정, 오경미 코치님께 감사의 인사를 전하며 이 책을 마친다.

홍건삼천2차아파트 관리사무소장

유나연

서로 존중하고 신뢰하는 사회 속에서
행복과 긍정의 에너지가 팡팡팡
샘솟으시기를 기원드립니다!

권선복
도서출판 행복에너지 대표이사, 한국정책학회 운영이사

어느 날부터인가 우리는 서로에 대한 존중과 신뢰를 잃어버린 삭막한 세상 속에서 살고 있음을 느낍니다. 이제는 개인주의가 더 만연한 사회에서, 쉽게 누군가를 믿고 의지하며 함께 어울려 살아가던 모습은 잘 찾아볼 수가 없습니다. 메마른 사회 분위기가 안타깝게 여겨지기도 합니다. 그러나 세상을 잘 들여다보면 아직 따뜻함이 남아 있고, 서로의 아픔과 기쁨에 공감할 줄 아는 사람들이 더 많습니다. 그 사이에서 우리는 잃어버린 신뢰와 존중을 되찾을 수 있다는 희망을 얻습니다.

『아파트, 신뢰를 담다』는 17년째 한 아파트에서 아파트관리사무소장으로 근무하고 있는 저자가 그간 일하며 느낀 바와 경험을 풀어 나가고 있는 책입니다. 그 과정에서 저자는 '아파트'라는 하나의 공동체 문화를 이끌어가는 힘이 바로 신뢰라고 보았습니다. 그리고 그 신뢰는 바로 서로를 이해하고 존중하며 진실하게 대할 때 생기는 것이라고 말합니다. 지금까지 500세대가 넘는 아파트를 관리해 오면서 힘든 일도 많았지만 끊임없이 신뢰감을 형성하고자 했던 저자의 끈질긴 노력이 책 한 권의 결실로 맺어진 듯합니다.

우리나라의 50% 이상의 국민들이 아파트에 거주한다고 합니다. 인간이 살아가는 데 가장 기본적인 요소 중 하나인 주(住)에서부터 신뢰와 사랑으로 상생하는 분위기가 형성된다면, 삭막하게만 느껴지는 현대 사회의 분위기도 언젠가는 다시 따뜻함으로 가득 찰 것임을 믿어 의심치 않습니다. 더불어 이 책을 읽는 모든 분들에게 행복과 긍정의 에너지가 팡팡팡 샘솟으시기를 기원드립니다.

하루 5분 나를 바꾸는 긍정훈련

행복에너지

'긍정훈련' 당신의 삶을
행복으로 인도할
최고의, 최후의 '멘토'

'행복에너지
권선복 대표이사'가 전하는
행복과 긍정의 에너지,
그 삶의 이야기!

인터파크
자기계발 분야 주간
베스트 1위

권선복 지음 | 15,000원

권선복

도서출판 행복에너지 대표
지에스데이타(주) 대표이사
대통령직속 지역발전위원회
문화복지 전문위원
새마을문고 서울시 강서구 회장
전) 팔팔컴퓨터 전산학원장
전) 강서구의회(도시건설위원장)
아주대학교 공공정책대학원 졸업
충남 논산 출생

책 『하루 5분, 나를 바꾸는 긍정훈련 - 행복에너지』는 '긍정훈련' 과정을 통해 삶을 업
그레이드하고 행복을 찾아 나설 것을 독자에게 독려한다.

긍정훈련 과정은 [예행연습] [워밍업] [실전] [강화] [숨고르기] [마무리] 등 총
6단계로 나누어 각 단계별 사례를 바탕으로 독자 스스로가 느끼고 배운 것을 직접
실천할 수 있게 하는 데 그 목적을 두고 있다.

그동안 우리가 숱하게 '긍정하는 방법'에 대해 배워왔으면서도 정작 삶에 적용시키
지 못했던 것은, 머리로만 이해하고 실천으로는 옮기지 않았기 때문이다. 이제
삶을 행복하고 아름답게 가꿀 긍정과의 여정, 그 시작을 책과 함께해 보자.